Kauderwelsch
Band 26

Petronas Towers, Kuala Lumpur

Impressum

Martin Lutterjohann
Malaiisch – Wort für Wort
erschienen im
Reise Know-How Verlag Peter Rump GmbH
Osnabrücker Str. 79, D-33649 Bielefeld
info@reise-know-how.de

7. neu bearbeitetete und verbesserte Auflage 2017

Bearbeitung Peter Rump
Layout Svenja Lutterbeck
Layout-Konzept Günter Pawlak, FaktorZwo! Bielefeld
Umschlag Peter Rump
Fotos Martin Lutterjohann (ML), Fotografen@Fotolia.com (Namen am jeweiligen Foto)
Druck & Bindung Werbedruck GmbH Horst Schreckhase, Spangenberg

ISBN 978-3-8317-6512-6
Printed in Germany

Die Internetseiten mit Aussprachebeispielen und der Zugriff auf diese über QR-Codes sind eine freiwillige, kostenlose Zusatzleistung des Verlages. Der Verlag behält sich vor, die Bereitstellung des Angebotes und die Möglichkeit der Nutzung zeitlich und inhaltlich zu beschränken. Der Verlag übernimmt keine Garantie für das Funktionieren der Seiten und keine Haftung für Schäden, die aus dem Gebrauch der Seiten resultieren. Es besteht ferner kein Anspruch auf eine unbefristete Bereitstellung der Seiten.

Der Verlag möchte die **Reihe Kauderwelsch** weiter ausbauen und **sucht Autoren!** Mehr Informationen finden Sie unter ***www.reise-know-how.de/verlag/mitarbeit***

Kauderwelsch

Martin Lutterjohann

Malaiisch

Wort für Wort

Kauderwelsch heißt:

- Schnell mit dem **Sprechen** beginnen, auch wenn nicht immer alles korrekt ist.
- Von der **Grammatik** wird nur das Wichtigste in einfachen Worten erklärt.
- Alle Beispielsätze werden doppelt ins Deutsche übertragen: erst **Wort-für-Wort,** dann in normales Deutsch. Die Wort-für-Wort-Übersetzung hilft, die neue Sprache schneller zu durchschauen, außerdem lassen sich dadurch leichter einzelne Wörter im fremdsprachigen Satz austauschen.
- Es geht um die **Alltagssprache,** also das, was man tatsächlich auf der Straße hört.
- Die **Autoren** sind entweder Reisende, die die Sprache im Land selbst gelernt haben oder Muttersprachler.

Kauderwelsch-Sprachführer sind keine Lehrbücher, aber viel mehr als traditionelle Reisesprachführer. Wer ein wenig Zeit investiert, einige Vokabeln lernt und die Sprache im Land anwendet, wird **Türen öffnen,** ein Lächeln ins Gesicht zaubern und reichere Erfahrungen machen.

Talk to each other!

Kauderwelsch zum Anhören

Einzelne Sätze und Ausdrücke aus diesem Buch können Sie sich **kostenlos anhören.** Diese **Aussprachebeispiele** erreichen Sie über die im Buch abgedruckten QR-Codes oder diese Adresse: **www.reise-know-how.de/kauderwelsch/026**

Die Aussprachebeispiele im Buch sind Auszüge aus dem umfassenden Tonmaterial, das unter dem Titel **„Kauderwelsch Aussprachetrainer Malaiisch"** separat erhältlich ist – als Down-load über Onlinehörbuchshops (ISBN 978-3-95852-079-0) oder als CD im Buchhandel (ISBN 978-3-8317-6123-4). Beide Versionen erhalten Sie auch über unsere Internetseite:

- **www.reise-know-how.de**

Alle Sätze, die Sie auf dem Aussprachetrainer hören können,

sind in diesem Buch mit einem 👂 gekennzeichnet.

Inhalt

Konversation

Anhang

© Andrea Seemann @Fotolia.com

Muslimische Frauen am Strand

Vorwort

Seit vielen Jahren liegt bereits der Kauderwelsch-Sprachführer Indonesisch vor und erfreut sich nach wie vor großer Beliebtheit. Wozu also ein Sprachführer Malaiisch: Sind nicht Bahasa Indonesia, wie Indonesisch offiziell genannt wird, und Bahasa Malaysia, die Nationalsprache Malaysias, dieselbe Sprache? Ja und nein! Beide basieren auf dem Johore-Riau-Dialekt des Malaiischen, der bereits seit Jahrhunderten zwischen den Seefahrern vieler Nationen und den Küstenbewohnern des „malaiischen" Archipels nicht zuletzt wegen seiner unkomplizierten Grammatik zur Verständigung untereinander verwendet wurde.

Kein Wunder also, dass sich daraus die immer differenzierter werdenden Nationalsprachen der vier ASEAN-Staaten Indonesien, Malaysia, Brunei und Singapur (ja, auch dort) ableiteten. Aber wenn auch Bahasa Indonesia und Bahasa Malaysia (bahasa = *Sprache*) praktisch dieselbe Grammatik und den weitaus größten Teil des Wortschatzes gemeinsam haben, gibt es doch manche Unterschiede. Eine Sprache ist wie ein lebendiges Gebilde, das sich fortwährend ändert und anpasst. Indonesien und Malaysia sind zwei sehr verschiedene Länder. Sie haben eine unterschiedliche Vergangenheit und Gegenwart.

Denken wir nur daran, wie sehr sich Deutsch im Westen und Osten, Norden und Süden unterscheiden. In Österreich weist der Wortschatz Hunderte von Abweichungen auf, vom Schweizerdeutsch wollen wir gar nicht erst reden.

Die Hauptunterschiede liegen also im Wortschatz. Malaysia war britische Kolonie, Indonesien niederländische. Dies spiegelt sich im Wortschatz deutlich wieder. Uns macht das wenig aus, denn wir werden sowohl mit den aus dem Englischen wie jenen aus dem Holländischen stammenden Lehnwörtern zurechtkommen. (Aber Achtung: die Schreibweise hat in beiden Varianten nichts mit der originalen zu tun, sondern schreibt sich, wie man es auf Malaiisch spricht!)

Es spricht also doch einiges für einen Malaiisch-Sprachführer. Indonesien und Malaysia sind zwei junge Nationen, in denen die Regierungen noch vieles tun, um das Nationalgefühl zu verstärken, das wir in Europa schon abbauen. Malaysier sind sicher nicht begeistert, wenn man ihre Sprache mittels eines Sprachführers „Indonesisch" lernt, ebensowenig wie Indonesier einen Sprachführer für Bahasa Malaysia wirklich akzeptieren würden. Deren Sprache – sagen sie – ist nicht unser Bahasa Indonesia, sondern Bahasa Malaysia bzw. Bahasa Melayu (= Malaiisch). Noch etwas kommt hinzu: die Sprachführer der Kauderwelsch-Reihe vermitteln ja nicht nur Sprache, sondern nebenher auch vieles über Land und Leute. Und da sind die Unterschiede noch größer als in der Sprache. Daher also der Sprachführer „Malaiisch" bzw. „Bahasa Malaysia".

Die offizielle Bezeichnung der Landessprache Malaysias hat in den vergangenen Jahrzehnten wiederholt zwischen Bahasa Malaysia *und* Bahasa Melayu *gewechselt.*

Zur Sprache

Malaiisch gehört zur austronesischen Sprachgruppe, die ungeheuer weit verbreitet ist: von Madagaskar (!) und den Ureinwohnern Taiwans über den Malaiischen Archipel (Malaiisch, Javanisch, Tagalog, usw.) bis Melanesien, Mikronesien und Polynesien (z. B. Tahitianisch, Hawaiianisch, Maori).

Allen diesen Sprachen gemeinsam ist eine einfache Grammatik, ein unkompliziertes vokalreiches Lautsystem, in der Regel zweisilbige Wörter u. a.

Malaiisch hat innerhalb dieser Sprachgruppe dank Indonesien die meisten Sprecher (insgesamt wohl rund 200 Millionen, bei der Mehrheit davon aber als Zweitsprache), womit es eine der am häufigsten gesprochenen Sprachen der Welt ist, und – freuen Sie sich – die am leichtesten zu erlernende unter den Weltsprachen. Gesprochen und verstanden wird Malaiisch auf der ganzen malaiischen Halbinsel, d. h. auch in Südthailand, in ganz Indonesien, natürlich in Sabah und Sarawak, Brunei, früher auch in Südchina.

Unter dem Einfluss des Islam wurde Malaiisch spätestens ab dem 15. Jahrhundert in arabischer Schrift geschrieben. Diese Schreibweise heißt Jawi und wurde in unserem Jahrhundert durch die besser geeignete lateinische Schrift (Rumi) abgelöst, ist aber noch längst nicht verschwunden. Im Gegenteil, in Malaysia, dessen offizielle Religion ja der Islam ist, erlebt es eine Renaissance.

Jawi *ist heute sogar präsenter als noch vor einigen Jahrzehnten. In der Schule ist es Pflichtfach. Es gibt auch noch ein paar in* Jawi *geschriebene Zeitungen.*

In Malaysia heißt es jetzt bahasa baku (baku = *echt, anerkannt*): So sprechen, wie man es

Die lateinische Schreibweise hat sich im Verlauf der Jahre geändert: in Malaysia neigte man der englischen Schreibweise zu, in Indonesien der holländischen, was sich besonders bei den Vokalen (Selbstlauten) zeigte. Heute haben sich beide Schreibweisen einander stark angenähert.

schreibt. Man kann auch sagen: So schreiben, wie man es spricht. Es gibt ein ganzes Bündel neuer Rechtschreibregeln. Wundern Sie sich nicht, wenn Sie unterwegs zwei und mehr Schreibweisen desselben Wortes finden, wie etwa stesen *(Bahnhof)* und auch setesen (zwei Konsonanten werden oft durch einen Vokal getrennt, aber zusammen gesprochen), stesyen, selten vielleicht noch steshen, oft gibt es zwei Formen: kampong – kampung, masok – masuk.

Da Malaiisch vor allem auch die Sprache der Seefahrer, Händler, Marktleute war, ist es prosaischer als etwa Javanisch, das eine hoch entwickelte Literatur aufweist. Gut entwickelt ist im Malaiischen aber die Rhetorik. In der Tat sind Malaien häufig gute Redner. Sie werden es bestätigt finden. Es gibt Dialekte, die aber nicht solche Unterschiede aufweisen wie z. B. die deutschen (Ausnahme: der Kelantan-Dialekt). Da Indonesier Bahasa zumeist als Zweitsprache erlernen, wird es trotz der riesigen Ausdehnung des Archipels einheitlicher gesprochen als das Malaiische in Malaysia, wo es für die Malaien ja die Muttersprache ist.

Das indonesische Bahasa *ist melodiöser, fließender, weniger schnell, das „r" stärker gerollt. Malaiisch in West-Malaysia (in* Sabah *und* Sarawak *klingt es eher wie Indonesisch) wird schneller, abgehackter gesprochen, wobei sich die Stimme nach den einzelnen Satzteilen oft hebt.*

Seit Malaiisch zur Nationalsprache bahasa kebangsaan (bangsa = *Rasse*, kebangsaan = *national*) erklärt wurde, hat es natürlich eine Riesenmenge an neuen Wörtern bilden müssen. Englisch liefert immer noch den Löwenanteil technischer Begriffe. Erst beim Laut-Lesen merkt man oft die Herkunft, das Schriftbild hat sich total verändert. Wenn möglich bemüht man aber auch die eigene Sprache.

Aussprache & Betonung

Malaiisch lässt sich für uns leicht aussprechen. Es gibt keinen uns unbekannten Laut, lediglich ein paar kleine Abweichungen.

Selbstlaute (Vokale)

Es gibt fünf Vokale: a, e, i, o, u.

a	mittellang, am Ende eines Wortes in Malaysia als dumpfes „e" gesprochen: **saya** *(ich)* wird zu saye wie in „Schal**e**": **apa** *(was)*; **nama** *(Name)*; **jalan** *(Straße)*
e	teils halboffen und mittellang wie in „r**e**chts" (hartes „e"), teils dumpf und kurz (weiches „e"), zwischen zwei Konsonanten meist verschluckt (gilt auch als weich), ein Beispiel für beide „e" ist „**e**ss**e**n": **empat** *(vier)*; **peta** *(Landkarte)*
i	mittellang wie in „m**i**t": **kita** *(wir)*; **sakit** *(krank, verletzt)*
o	mittellang und mitteloffen, etwa zwischen „**o**ft" und „N**o**te": **boleh** *(können)*; **kota** *(Stadt, Festung)*
u	mittellang, zwischen „B**u**ch" und „m**u**ss": **buku** *(Buch)*, **bulan** *(Mond, Monat)*

Doppelselbstlaute (Diphthonge)

Es gibt drei davon (ai, au, oi), die wie im Deutschen gesprochen werden: pantai *(Strand)*; pulau *(Insel)*, amboi *(Ausruf des Erstaunens)*.

Mitlaute (Konsonanten)

Es gibt offiziell 24 Konsonanten, von denen fünf als Buchstabenkombinationen geschrieben werden. b und p, d und t, g und k, sowie l, m und n spricht man wie im Deutschen aus.

aktif *oder* positif *sind neuere Schreibweisen*

c	wie „tsch" in „kla**tsch**en": **kecap** *(Sojasoße, Ketchup)*; **cukup** *(genug)*
f	kommt in arab. und anderen Fremdwörtern vor, meist als „p" gesprochen: **fikir** pikir *(denken)*
h	am Wortanfang kaum, am Wortende aber deutlich mitsprechen: **hutan** utan *(Wald)*; **hujan** udschan *(Regen)*; **rumah** *(Haus)*; **tanah** *(Land)*
j	wie im Englischen „**j**ungle" *(Dschungel)*: **jual** *(verkaufen)*; **belajar** *(lernen)*
k	wird am Wortende kaum ausgesprochen; dann eher als Kehlkopfverschlusslaut: **budak** buda' *(Kind)*; **tarik** tari' *(ziehen)*
r	als letzter Buchstabe einer vorletzten Silbe deutlich mitgesprochen: **kertas** *(Papier)*; aber wie im Deutschen am Wortende nur abgeschwächt: **pasir** *(Sand)*; **telur** *(Ei)*
s	scharf (stimmlos) wie in „Ka**ss**e": **susu** *(Milch)*; **sejuk** *(kalt)*
v	wie in „**V**ase" (bzw. deutsches „w" wie in „**W**asser"); kommt in Fremdwörtern vor: **van** *(Lieferwagen)*; **universiti** *(Universität)*

Seitenzahlen
Um Ihnen den Umgang mit den Zahlen zu erleichtern, wird auf jeder Seite die Seitenzahl auch in Malaiisch angegeben!

w	immer wie englisches „w" in „**w**ater": **wanita** *(Frau)*; **warna** *(Farbe)*
y	wie deutsches „j" in „**J**agd": **ya** *(ja)*; **yang** *(der, welcher [Relativpron.])*
z	wie weiches (stimmhaftes) „s" in „Ro**s**e": **zaman** *(Zeit, Epoche)*

Kombinationen

gh	arabischer „Reibelaut", ähnlich dem französischen „r"
kh	kommt ebenfalls in arabischen Lehnwörtern vor, fast wie unser „ch" in „a**ch**": **khabar** *(Neuigkeiten)*
ng	ist ein einziger Laut wie in „Fi**ng**er", ohne gesondertes „g": **angin** *(Wind)*
ny	wie „nj": **minyak** *(Öl)*; **nyamuk** *(Moskito)*; **banyak** *(viel)*
sy	wie „sch": **syarikat** *(Firma)*; **masyarakat** *(Gesellschaft)*

Betonung

Die Wörter werden häufig auf der vorletzten Silbe betont. Wenn der vorletzte Laut ein e ist, wird hingegen häufig auf der letzten betont. Soweit die Faustregeln; aber bei den Lehnwörtern wurde natürlich zumeist auch deren Betonung mit übernommen.

Wörter, die weiterhelfen

Bevor ich die ohnehin einfache Grammatik erkläre, biete ich Ihnen als Kostprobe ein paar kleine, aber sehr nützliche Wörter an:

ada = *es gibt; ... befindet sich; haben*

Ada bilik / bas / wang.
es-gibt Zimmer / Bus / Geld
Es gibt ein Zimmer / einen Bus / Geld.

Es gibt zwar ein Fragewort, aber verstanden wird man auch, wenn man einfach die Stimme hebt:

Ada kapal / keretapi / makanan?
gibt-es Schiff / Zug / Essen?
Gibt es ein Schiff / einen Zug / Essen?

Die Antwort wird sein:

Ya, ada.
ja haben
Ja, gibt es./
Ja, haben wir.

Tidak ada.
nicht haben
Nein, gibt es nicht /
haben wir nicht.

apa	was?
berapa	wie viel?, wie teuer?
mana	wo?
ini – itu	dieses – jenes
mau	mögen, wollen

So, damit können wir schon weitere Primitivsätze bilden, z. B.:

Apa ini / itu?
was dies / jenes
Was ist das?

Im Malaiischen braucht „ist / sind" nicht ausgedrückt zu werden:

Berapa ini?	**Mana rumah rehat?**
wie-viel dies	*wo Haus Rast*
Was kostet das?	Wo ist das (staatl.) Rasthaus?

Mana stesen / stesyen?
wo Bahnhof / Bahnhof
Wo ist der Bahnhof?

Saya mau bilik / minum teh.
ich wollen Zimmer / trinken Tee
Ich möchte ein Zimmer / Tee trinken.

Apa mau awak?
was wollen du
Was möchtest du / möchten Sie?

Saya tidak mau bilik ini.
ich nicht wollen Zimmer dieses
Ich möchte dieses Zimmer nicht.

Das war jetzt schon ein längerer Satz und soll uns gleichzeitig als Einstieg in die Grammatik dienen.

Allgemeines zur Grammatik

Die Wortstellung ist strikter als im Deutschen:

Saya orang jerman.
ich Mensch deutscher
Ich bin Deutscher.

Kami mau makan sedikit.
wir wollen essen etwas
Wir wollen etwas essen.

Awak datang dari negeri Swis atau dari negeri Austria?
du kommen aus Land Schweiz oder aus Land Österreich
Kommst Du aus der Schweiz oder aus Österreich?

Anders als im Deutschen sieht man einem Wort in der Grundform nicht an, ob es Hauptwort (Substantiv), Eigenschaftswort (Adjektiv) oder Tätigkeitswort (Verb) ist. Die Stellung im Satz ist entscheidend für die Bedeutung. In dieser Hinsicht ist Malaiisch solchen „Telegrammsprachen" wie Chinesisch oder Thai, mit denen es im Wortschatz praktisch nichts gemein hat, ähnlich.

Hauptwörter

Die Hauptwörter bleiben unverändert und haben keine Artikel. Will man auf eine bestimmte Sache hinweisen, benutzt man die bereits erwähnten hinweisenden Fürwörter: ini und itu.

rumah	(das) Haus
pintu	(die) Tür
bas	(der) Bus
rumah ini	dieses Haus
pintu itu	jene Tür

Wir sehen hier schon, dass hinweisende Fürwörter (und Eigenschaftswörter) hinter das Hauptwort gestellt werden. Stellen wir ini und itu voran, ändert sich die Satzstruktur:

Ini rumah Melayu.
dies Haus malaiisch
Dies ist ein malaiisches Haus.

Itu bas lama. *aber:* **bas lama itu**
das dort Bus alt *Bus alt jener*
Das ist ein alter Bus. jener alte Bus

Durch Nachstellen der Begriffe „männlich"/ „weiblich" kann bei Bedarf das Geschlecht bestimmt werden.

wanita *(weiblich)*	**lelaki** *(männlich)*	*bei Menschen*
guru wanita (Lehrerin)	**guru lelaki** (Lehrer)	
betina *(weiblich)*	**jantan** *(männlich)*	*bei Tieren*
ayam betina (Henne)	**ayam jantan** (Hahn)	

Mehrzahl

Meist ergibt sich der Zusammenhang durch Mengenangaben oder Zahlwörter. Diese stehen im Gegensatz zu allen anderen Eigenschaftswörtern immer vor dem Bezugswort.

Die Mehrzahl muss nicht gesondert ausgedrückt werden:

kawan
Freund, Freunde

sikit (sedikit) buku	einige, wenige Bücher
banyak kucing	viele Katzen
para pelancung	eine Gruppe Touristen

para *bezieht sich immer auf Gruppen von Personen*

tiga orang Cina dengan K.
drei Mensch China mit K.
drei Chinesen mit dem K.

Verdoppelung auf sparsame Weise: orang2 *statt* orang-orang *(im Bahasa Malaysia ist das aber nicht mehr erwünscht).*

Allgemeine Mehrzahl, z. B. Kinder, Waren, etc. wird durch Verdoppelung ausgedrückt:

pelajar	Student	**pelajar-pelajar**	Studenten
barang	Ware	**barang-barang**	Waren
kanak	Kind	**kanak-kanak**	Kinder *(allgemein)*

Manche Wörter ändern bei Verdoppelung ihren Sinn oder sind nur in der verdoppelten Form üblich, z. B.:

mata	Auge
mata-mata	Polizist, Spion
layang	emporfliegen
layang-layang	Schwalben, Drachen

agar-agar	eine Algenart, oft als Gelee gegessen
angan-angan	Gedanke, Idee

auch: Schwärmerei

zusammengesetzte Hauptwörter

Sie werden anders herum als im Deutschen gebildet:

rumah tumpangan	Gästehaus
rumah sakit	Krankenhaus
sakit	*krank, schmerzhaft*
pintu motokar	Autotür
motokar	*Auto*

billigste Hotelart

„Haus krank"

Zusammengesetzte Hauptwörter werden meist nicht zusammengeschrieben, manche aber gewohnheitsmäßig doch bzw. es sind beide Schreibweisen möglich: mata hari *oder* matahari.

Malaiische zusammengesetzte Wörter sind im Deutschen nicht unbedingt auch welche:

air mata	*(Wasser Auge)*	Träne
matahari	*(Auge-Tag)*	Sonne
suratkhabar	*(Brief-Neuigkeiten)*	Zeitung
khabar angin	*(Neuigkeiten Wind)*	Gerücht

masak	kochen	**tukang masak**	Koch
kunji	Schlüssel	**tukang kunji**	Schlosser
jahit	nähen	**tukang jahit**	Schneider
kebun	Garten	**tukang kebun**	Gärtner

Handwerker heißen tukang, *ihre Spezialität wird angehängt.*

abgeleitete Hauptwörter

Aus Hauptwörtern, Verben, Adjektiven kann man durch Voranstellen oder Anhängen bestimmter Silben neue Hauptwörter bilden:

Hauptwörter

kedai	Geschäft	**pekedai**	Ladenbesitzer
ladang	Feld	**peladang**	Bauer
baca	lesen	**pembaca**	Leser
lari	laufen	**pelari**	Läufer
lukis	zeichnen, malen	**lukisan**	Zeichnung, Gemälde
nyanyi	singen	**nyanyian**	Lied
tarik	ziehen	**tarikan**	Attraktion
cium	küssen	**ciuman**	Kuss
kotor	schmutzig	**pengotoran**	(Umwelt-) Verschmutzung
satu	eins	**persatuan**	Vereinigung
jalan	Weg	**perjalanan**	Reise
cakap	sprechen	**percakapan**	Unterhaltung
kahwin	heiraten	**perkahwinan**	Hochzeit
periksa	untersuchen	**pemeriksaan**	Untersuchung
menteri	Minister	**kementerian**	Ministerium
lahir	geboren werden	**kelahiran**	Geburt
datang	kommen	**kedatangan**	Ankunft
cantik	schön	**kecantikan**	Schönheit
maju	fortschrittlich	**kemajuan**	Fortschritt

Ich habe diesem Abschnitt etwas mehr Platz eingeräumt, damit man das Prinzip besser erkennt. Denn auf diese sehr regelmäßige Weise werden Hauptwörter gebildet, die man im Wörterbuch oft vergeblich sucht, wohl weil die Kenntnis der Regeln vorausgesetzt wird. Eine Schwierigkeit dabei ist die Assimilation, die den Anfangsbuchstaben des Grundwortes (das man zur Suche braucht) oft unkenntlich macht. Bei den Verben kommt noch mehr von der Sorte.

Eigenschaftswörter

Wie wir gesehen haben, werden Eigenschaftswörter im Malaiischen grundsätzlich nachgestellt. Auch sie sind unveränderlich

Sekolah besar.
Schule groß
die große Schule / die Schule ist groß / die Schulen sind groß

Betonung und der Zusammenhang geben Aufschluss, was gemeint ist. Immer „verkehrt" herum hängen wir weitere Adjektive an:

sekolah kecil lama
Schule klein alt
die alte, kleine Schule

motosikal merah mahal beru itu
Motorrad rot teuer neu jenes
jenes neue, teure rote Motorrad

Ini und itu folgen immer den Eigenschaftswörtern, wenn sie als nähere Bestimmung eines Hauptwortes dienen. Stehen sie direkt hinter dem Hauptwort, ändert sich die Satzstruktur:

Basikal ini baru.
Fahrrad dies neu
Dieses Fahrrad ist neu.

Eigenschaftswörter

© ml

Auf der Fähre von Butterworth nach Penang

indah	schön *(Landschaft)*
jahat	schlecht, böse
bebas, merdeka	frei, unabhängig
pedas	scharf gewürzt
sedap	lecker
enak	köstlich
bagus	fein, schön
lurus	ehrlich, aufrichtig

Um Eigenschaften ins Gegenteil zu verkehren, setzt man einfach tak oder tidak *(nicht)* bzw. – zum „Wahren des Gesichts" – ein kurang *(weniger)* davor. Etwas ist dann „weniger gut", jemand ist „weniger fleißig / ehrlich", usw.

banyak	viel	**sedikit**	wenig	**indah**	prächtig
besar	groß	**kecil**	klein	**baru**	neu
lama	alt	**tua**	alt *(Person)*	**panjang**	lang
pendek	kurz	**baik**	gut	**kurang baik**	schlecht
cantik	schön	**buruk**	hässlich	**penuh**	voll
kosong	leer	**senang**	bequem	**senang hati**	glücklich
sedih	traurig	**menarik**	interessant	**bosan**	langweilig
dekat	nah	**jauh**	weit	**berat**	schwer
ringan	leicht	**sukar**	schwierig	**susah**	schwierig
mudah	leicht	**muda**	jung	**tua**	alt
cepat	schnell	**laju**	schnell	**perlahan-lahan**	langsam
awal	früh	**lambat**	spät	**kuat**	stark
daif	schwach	**lemah**	zart	**benar**	richtig
betul	wahr	**salah**	falsch	**pandai**	klug
pintar	geschickt	**bodoh**	dumm	**gelap**	hell
terang	dunkel	**mahal**	teuer	**murah**	billig
bersih	sauber	**kotor**	schmutzig	**rajin**	fleißig
malas	faul	**tinggi**	hoch	**rendah**	niedrig
kaya	reich	**miskin**	arm	**tebal**	dick
nipis	dünn	**pipih**	fein	**basah**	nass
kering	trocken	**panas**	heiß, warm	**dingin**	kalt
sejuk	kühl	**hati-hati**	vorsichtig	**berbahaya**	gefährlich
alpa	nachlässig	**aman**	sicher	**aman**	friedlich
keras	hart	**lembek**	weich	**lapar**	hungrig
haus	durstig	**manis**	süß	**masampahit**	bitter
masam	sauer	**laki-laki**	männlich	**perempuan**	weiblich
jantan	Männchen	**betina**	Weibchen	**hitam**	schwarz
putih	weiß	**biru**	blau	**kuning**	gelb
merah	rot	**hijau**	grün	**perang**	braun
kelabu	grau	**perak**	silbern	**emas**	golden

Vergleichen

Wenn etwas genauso ist wie etwas anderes, setzt man sama *(das gleiche, dasselbe)* vor das Eigenschaftswort:

Awak dan saya sama tinggi.
du und ich gleich groß
Wir zwei sind gleich groß.

Buah kelapa dan nenas sama murah.
Frucht Kokos und Ananas gleich billig
Kokosnüsse und Ananas sind gleich billig.

Ein „mehr" einer Eigenschaft wird durch lebih, und ein „weniger" durch kurang ausgedrückt, gegebenenfalls gefolgt von daripada *(als)*:

Kedai makanan ini lebih baik daripada kedai makanan itu.
Laden Essen dieser mehr gut als Laden Essen jener
Dieses Lokal ist besser als das Lokal dort.

Buah ini kurang masak daripada buah itu.
Frucht diese weniger reif als Frucht jene
Diese Frucht ist nicht so reif wie die dort.

Kuala Lumpur lebih besar daripada Ipoh tetapi hidup lebih murah di Ipoh.
Kuala Lumpur mehr groß als Ipoh aber Leben mehr billig in Ipoh
Kuala Lumpur ist größer als Ipoh,
aber das Leben ist billiger in Ipoh.

Es gibt noch eine andere Form von Vergleich, die typisch malaiisch, aber für uns etwas ungewohnt ist. Man benutzt dazu die Wörter dengan *(mit)* und lagi *(mehr):*

Minuman bir dengan teh mahal lagi bir.
Getränk Bier mit Tee teuer mehr Bier
Bier ist teurer als Tee.

Steigern

Der Superlativ lässt sich auf mehrere Arten bilden:

yang ... sekali	der / die / das, welche(r/s) einmal(ig) ... ist
yang cantik sekali	die schönste
yang baik sekali	das beste
yang paling ...	der / die / das, welche(r/s) äußerst ... ist
yang paling tinggi	der höchste
ter-...	
terbaru	neueste(r/s) (baru = *neu*)
se- ... / ... -nya	
setinggi / tingginya	am höchsten

Gunung Tahan gunung yang paling tinggi di Semenanjung Malaysia.
Berg Tahan Berg welcher am-meisten hoch in Halbinsel Malaysia
Gunung Tahan ist der höchste Berg von Halbinsel-Malaysia.

Nicht alle Eigenschaftswörter können diese einfache Form des Superlativs annehmen – also ausprobieren und zuhören!

hotel terbaru dan termahal
Hotel neuestes und teuerstes
das neueste und teuerste Hotel

Im Satz über den Gunung Tahan habe ich ein Wörtchen ausgelassen, das man bei Erläuterungen gerne hinzufügt: ialah *(nämlich, das ist)*.

Gunung Kinabalu ialah gunung yang paling tinggi di Malaysia.
Gunung Kinabalu das-ist Berg welcher am-meisten hoch in Malaysia
Gunung Kinabalu ist der höchste Berg Malaysias.

In diesem Zusammenhang ein etwas längerer Satz:

Malaysia dan negeri Thai ialah dua buah negeri yang mendapat banyak hujan.
Malaysia und Staat Thai das-sind zwei Frucht Staaten welche bekommen viel Regen
Malaysia und Thailand sind zwei regenreiche Länder.

Das buah *bei* negeri *ist ein sogenanntes Kategoriewort. (s. Kap. „Zahlen & Zählen).*

Eigenschaftswörter ableiten

Angesichts der Vielfalt von aus anderen Wortarten abgeleiteten Wörtern können natürlich auch Eigenschaftswörter aus anderen Hauptwörtern und Verben gebildet werden.

Mit der Vorsilbe ber- bildet man Adjektiveaus Hauptwörtern:

jalan berbatu
Straße versteinert
Asphaltstraße
(batu = *Stein*)

kawasan berbukit
Gegend hügelig
hügelige Gegend
(bukit = *Hügel*)

buah berair
Frucht wässerig
saftige Frucht

air = *Wasser*

Andere Eigenschaftswörter werden aus Verben abgeleitet, indem man das Verb hinter das Hauptwort stellt. Deshalb ist die richtige Satzstellung in Sprachen mit „Telegrammstil"-Grammatik so entscheidend, z. B.:

bilik menunggu	Wartesaal	*Saal warten*
waktu bekerja	Arbeitszeit	*Zeit arbeiten*
rahsia terbuka	offenes Geheimnis	*Geheimnis geöffnet*

Umstandswörter

Umstandswörter (Adverbien) sind ebenfalls unveränderlich und unterscheiden sich von den Adjektiven nur dadurch, dass sie – wie der Name schon sagt – beim Verb und nicht beim Hauptwort stehen:

Kalau awak bercakap cepat saya tidak boleh faham.
Falls du sprechen schnell ich nicht kann verstehen
Wenn du schnell sprichst, kann ich dich nicht verstehen.

Saya pergi dahulu, awak datang kemudian.
Ich weggehe früher du ankommen später
Ich gehe voraus, du kommst später nach.

Adverbien

Umstandswörter werden häufig durch andere Adverbien hinsichtlich ihrer Eigenschaft gesteigert. Man kann statt der unten aufgeführten Beispiele auch banyak *(viel)* einsetzen, aber das würde als Basar-Malaiisch – die Primitivform dieser Sprache – angesehen werden, was uns natürlich nichts ausmacht. Dennoch zur Bereicherung drei Beispiele:

Cuaca kelmarin sangat panas.
Wetter gestern sehr heiß
Gestern war es sehr heiß.

Bilik ini terlampau sejuk, saya tak boleh tahan.
Zimmer dieses zu-sehr kalt ich nicht können aushalten
Dieses Zimmer ist mir zu kalt, ich kann es nicht aushalten.

Harga barang-barang di kedai ini mahal belaka.
Preis Waren in Geschäft dies teuer alle-zusammen
Die Preise der Waren in diesem Laden sind durchwegs teuer.

pausenlos

awal	früh
cepat	schnell
sungguh, betul	wirklich
tadi	gerade jetzt
hampir	fast
tetap	sicher
masih	noch
tidak berhenti-henti	unaufhörlich
sahaja, saja	nur *(am Satzende)*
cuma, hanya	nur *(am Satzanfang)*

nanti, kemudian	später
lambat	spät
cermat-cermat	sorgfältig
segera	sofort
kadang-kadang	manchmal
terlampau	zu viel
terlalu	zu ...
oleh itu	deshalb, deswegen
seperti biasa	wie üblich

Persönliche Fürwörter

Wie in anderen asiatischen Ländern, in denen auf Höflichkeit viel Wert gelegt wird, kennt auch das Malaiische viele Abstufungen im Gebrauch persönlicher Fürwörter, je nachdem, ob man unter sich ist oder zu Kindern oder ranghöheren Personen spricht. Es gibt etwa jeweils ein Dutzend Formen für jedes persönliche Fürwort. Zum Glück brauchen wir uns im Prinzip jeweils nur eine Form zu merken, im Bewusstsein, nicht immer ganz korrekt zu liegen oder etwas kurang ajar *(ungebildet)* zu sein, was im Hinblick auf die Sprache ja stimmt.

Persönliche Fürwörter

saya	ich
höflich, geeignet für jede Situation; in vertrauter Umgebung reicht aku oder kurz ku.	
awak	du, Sie, Ihr
ebenfalls höflich, sollte aber gegenüber Ranghöheren, die man mit ihrem Titel (s. u.) anredet, möglichst nicht gebraucht werden; im vertrauten Kreis sagt man engkau, kurz kau, bzw. kamu, kurz mu.	
anda	Sie
ist in Malaysia im Alltag noch nicht so gebräuchlich, wird meist in der Werbung benutzt, wo man die Leute ja nicht persönlich anredet. Eher sagt man:	
saudara	*wörtl.:* Bruder
saudari	*wörtl.:* Schwester
dia, ia	er, sie, es
dia wird vor allem für Lebewesen verwendet	
kita / kami	wir *(inklusiv / exklusiv)*
kita schließt Gesprächspartner mit ein, kami nicht	
mereka	sie *(Mz)*

Saya tak ada wang.
ich nicht habe Geld
Ich habe kein Geld.

Adakah awak rumah?
haben-Fragesilbe du Haus
Hast du ein Haus?

Tiada sempat kita pergi ke Pulau Tioman.
nicht-haben Zeit wir gehen nach Insel Tioman
Wir haben keine Zeit nach Tioman zu fahren.

Mereka datang dari Sabah.
Sie kommen aus Sabah.

Dia cantik.
Sie ist schön.

Besitzanzeigende Fürwörter

Dafür werden die persönlichen Fürworter unverändert an das Hauptwort gehängt:

buku saya
Buch ich
mein Buch

wang awak
Geld dein
dein Geld

beg pakaian dia
Behälter Kleidung er/sie
sein / ihr Koffer

kapalterbang kami
Schiff-hochsteigen wir
unser Flugzeug

kasut mereka
Schuh sie
ihre Schuhe

Man kann sagen:
saya punya mak
ich besitzen Mutter
meine Mutter

aber einfacher ist:
mak saya
Mutter ich
meine Mutter

Bei „sein / ihr“ (dia) hängt man jedoch die Nachsilbe -nya an:

keretanya	sein Auto
rumahnya	ihr Haus

Persönliche Fürworter werden nie verändert. Man benötigt aber für den 3. und 4. Fall ein Verhältniswort, kepada bzw. pada. Dieses wird nur in Verbindung mit Personen benutzt.

Saya memberi sikit wang kepada dia.
ich geben etwas Geld zu er/sie
Ich gebe ihm / ihr etwas Geld.

Aku cinta / sayang pada mu.
ich Liebe / Zuneigung für dich
Ich liebe dich.

kepada saya	mir
kepada awak	dir

© ml

Junger Manta kehrt zurück in die Freiheit

rückbezügliche Fürwörter

Das rückbezügliche Fürwort wird einfach durch sendiri *(selbst)* ausgedrückt:

saya sendiri	ich selbst (*auch:* allein)

Anrede

Charakteristisch für die immer noch stark hierarchisch strukturierten Gesellschaften Asiens ist der Gebrauch des Titels in der Anrede ranghöherer Personen. Keine zwei Personen sind im Prinzip untereinander gleichrangig: Stand, berufliche Stellung, Geschlecht oder Alter sind verschieden. Ein Zwilling, der einige Minuten vor dem Geschwister geboren wurde, ist damit klar der ältere Bruder (abang) oder die ältere Schwester (kakak).

Die jüngeren werden die älteren Geschwister also nicht mit ihrem Namen sondern mit ihrem Titel abang *bzw.* kakak *anreden und so geht es nach oben bzw. unten weiter.*

adik	jüngere Geschwister
kak(ak)	ältere Schwester
abang	älterer Bruder
anak perempuan	Tochter, Mädchen
anak lelaki	Sohn, Junge
(e)mak, ibu	Mutter
bapa	Vater
makcik, mak	Tante
pakcik, pak	Onkel

Die Jüngeren werden mit Namen angeredet

Die rein beschreibenden Verwandtschaftsbezeichnungen für Onkel und Tante lauten jedoch bapa saudara / emak saudara.

nenek
(Ur-)Großvater
nenek perempuan
(Ur-)Großmutter

Encik ...
Herr ... (respektvolle Anrede in Verbindung mit dem Namen, hauptsächlich für Malaien; gesprochen oft: ince; wird auf Briefen abgekürzt zu En.)

Cik ...
(Herr) / Frau / Fräulein ...

Tuan
Herr (Anrede für Männer in gehobener Position), auch z. B. für Haji (die die Pilgerfahrt nach Mekka gemacht haben und fortan am weißen Käppi erkennbar sind): Tuan Haji. Früher wurden auch alle weißen Männer so angeredet; abgekürzt: Tn. Achtung: Im titelbewussten Malaysia haben Minister und vor allem Mitglieder der Sultansfamilien lange Titel, die man bei der Anrede wissen muss.

Puan
Frau (Gegenstück zu Tuan, wird aber nur für verheiratete Damen verwendet), abgekürzt Pn (für Pilgerinnen: Puan Hajjah; erkennbar am weißen Schleier oder Schal)

Datuk, Dato'
Titel, der dem englischen „Sir" entspricht, wird von den Sultanen verliehen (Dato' in Ost-Malaysia)

Datin
weibliches Gegenstück; die Frauen erhalten Titel automatisch mit dem Mann. Wird der Titel aber direkt der Ehefrau verliehen, darf sich der Gatte nicht Datuk nennen (vgl. unsere fast ausgestorbene „Frau Doktor")

Tätigkeitswörter

Tätigkeitswörter sind so bequem zu handhaben wie Hauptwörter und Adjektive – sie kennen keine Zeiten und Personenendungen:

ada	haben, sich befinden	**balik**	zurückkehren
bangun	aufstehen	**buat**	tun, machen
bunting	schwanger sein	**campur**	mischen
dapat	bekommen, erhalten	**datang**	kommen
duduk	sitzen	**fikir**	denken
gelak	lachen	**hidup**	leben
ingat	sich / jmd. erinnern	**jadi**	werden
jatuh	fallen	**keluar**	hinausgehen
kembali	zurückkehren	**lahir**	geboren werden
lari	rennen, laufen	**lupa**	vergessen
mandi	baden	**mari**	kommen
masuk	eintreten	**mati**	sterben
mula	anfangen, beginnen	**naik**	aufsteigen
percaya	glauben	**pergi**	gehen, fahren
pulang	zurückkehren	**sakit**	krank / verletzt sein
sampai	ankommen	**senyum**	lächeln
sudah	beenden	**terbang**	fliegen
tiba	ankommen	**tidur**	schlafen
tinggal	bleiben, wohnen	**tumbuh**	wachsen
turun	absteigen *(von Bus / Berg)*		

Wie werden Zeiten ausgedrückt?

Ganz einfach: gar nicht, wenn dies aus dem Zusammenhang hervorgeht.

Zukunft

Saya pergi ke Melaka esok.
ich gehe nach Malakka morgen
Morgen fahre ich nach Malakka.

Wir machen es im Deutschen oft genauso. Zukunft kann auch mit dem Hilfswort akan *ausgedrückt werden.*

Dia akan jadi seorang doktor.
er wird werden ein-Mensch Arzt
Er wird Arzt werden.

Kami akan tinggal satu minggu di pantai timor.
wir werden bleiben eine Woche an Küste Osten
Wir werden eine Woche an der Ostküste bleiben.

Häufig wird nak (von hendak = *wollen / werden*) verwendet:

Saya nak bermain bola petang ini.
ich werde spielen Ball Nachmittag dieser
Ich werde heute Nachmittag Fußball spielen.

Tadi saya nak pergi.
gerade ich wollen gehen
Gerade wollte ich gehen.

Vergangenheit

Vergangenes drückt man mit sudah / telah *(beendet, schon)* bzw. belum *(noch nicht)* aus:

Kita sudah makan.
wir schon essen
Wir haben schon gegessen.

Peter belum sampai dari Jerman.
Peter noch-nicht ankommen aus Deutschland
Peter ist noch nicht aus Deutschland angekommen.

Eine Handlung, die noch andauert, lässt sich durch Voranstellen der Wörter sedang oder tengah ausdrücken. Dabei klingt sedang *(gerade)* etwas eleganter als tengah *(Mitte)*:

Dies gilt auch für Vergangenes.

Dia sedang menulis surat.
er/sie gerade schreiben Brief
Er / Sie schreibt gerade einen Brief.

Dia tengah menulis surat ketika saya datang.
sie Mitte schreiben Brief Moment (=als) ich komme
Sie schrieb gerade einen Brief, als ich kam.

Andere Wörter, die den Zeitzusammenhang ausdrücken, finden sich im Kap. „Zeit & Zeitbegriffe".

Verben mit Vor- / Nachsilben

Leider gibt es einen etwas komplizierten Aspekt: Viele Verben ändern beim Gebrauch im Satz ihre Form durch Anhängen einer Vor- und / oder Nachsilbe. Dabei ändert sich häufig der erste Buchstabe der Grundform als Folge einer Lautassimilierung. Normalerweise wäre das nicht weiter schlimm, aber wir brauchen diesen Anfangsbuchstaben für die Suche in Wörterbüchern. Da dort die Verben oft nicht nach Vorsilben, sondern nach der Grundform sortiert sind, müssen wir darüber sprechen. Man wird aber auch verstanden, wenn man stets die Grundform benutzt.

Auch in unserer Wörterliste wird, entsprechend der üblichen Praxis, immer nach der Grundform sortiert, aber weiter unten in diesem Kapitel finden Sie auch eine nützliche Liste bereits umgeformter Verben.

Verben mit me- sind oft transitiv, d. h. ihnen folgt stets ein Objekt *([ein Lied] singen, [einen Freund] besuchen)*. Beginnt das Verb mit l, m, n, r, w, y, bleibt der Anfangslaut unverändert.

nyanyi	singen	**menyanyi**
yakin	überzeugen	**meyakin**

Beginnt das Verb mit g, h, k oder einem Selbstlaut, wird meng- vorangestellt. Ein k als Anfangsbuchstabe wird dabei fallengelassen.

ikat	binden	**mengikat**

Beginnt das Verb mit b, f oder p, wird mem- vorangestellt. Anlautendes f und p fallen weg:

pakai	tragen *(Kleidung)*	**memakai**

Beginnt das Verb mit c, d, j, t oder z, wird men- vorangestellt. Anlautendes t fällt dabei weg:

dengar	hören	**mendengar**
jawab	antworten	**menjawab**
tarik	ziehen	**menarik**

Beginnt das Verb mit s, wird meny- vorangestellt, und das s fällt komplett weg:

auch: sparen

simpan	aufbewahren	**menyimpan**

Bei einsilbigen Verben wird menge- vorangestellt:

cam	erkennen	**mengecam**
sah	bestätigen	**mengesah**

Einige weitere wichtige Verben dieser Gruppe (in Klammern: Anfangsbuchstabe des Verbs in der Grundform).

melukis	zeichnen	**melihat**	sehen, beobachten
melompat	springen	**melawat**	besuchen
melatih	ausbilden	**merasa**	schmecken
menggigit	beißen	**mengambil**	nehmen
mengikut	folgen	**membeli**	kaufen
membuka	öffnen	**membaca**	lesen
membasuh	waschen	**membawa**	bringen
memukul (p-)	schlagen	**memotong (p-)**	schneiden
mencari	finden	**mencuri**	stehlen
menjemput	einladen	**menutup (t-)**	schließen
menolong (t-)	helfen	**menulis (t-)**	schreiben
menerima (t-)	empfangen	**menyoal (s-)**	Fragen stellen

Mittels der genannten Vorsilben kann man aus einem Hauptwort leicht ein Verb machen:

rokok	Zigarette	**merokok**	rauchen
dayung	Ruder	**mendayung**	rudern

Es gibt noch eine ganze Reihe anderer Vor- bzw. Nachsilben, z. B.: ber-, ter-, me-...-kan, memper-...-kan. *Aber ich möchte Sie nicht zu sehr verwirren. Für die einfache, alltägliche Unterhaltung kommt man mit den Grundformen gut klar.*

Passiv

Generell wird das Passiv durch Voranstellen der Vorsilbe di- gebildet. Bei den Verben der me-Gruppe wird me- durch di- ersetzt:

Kucing makan ikan.
Katze essen Fisch
Die Katze frisst einen Fisch.

Ikan dimakan kucing.
Fisch werden-gegessen Katze
Der Fisch wird von der Katze gefressen.

Das „von / durch“ muss nicht, kann aber durch oleh *(durch)* ausgedrückt werden:

Ikan dimakan oleh kucing.

Rafidah membersihkan bilik ini.
Rafidah saubermachen Zimmer dieses
Rafidah macht jenes Zimmer sauber.

Bilik itu dibersihkan oleh Rafidah.
Zimmer jenes werden-gesäubert von Rafidah
Jenes Zimmer wird von Rafidah saubergemacht.

Befehle, Aufforderungen & Bitten

Die einfache Befehlsform wird durch die Grundform des Verbs ausgedrückt:

pergi	geh!
beli	kaufe!

Verben mit me- verlieren diese Vorsilbe, solche mit ber- behalten sie:

berdiri sini	steh hier!

Verneint wird durch Voranstellen von jangan *(tu nicht)*:

jangan beli	kaufe nicht!

Sie werden in Malaysia sehr oft die Nachsilbe -lah hören. Durch sie klingt die Aufforderung weniger abrupt:

pergilah	geh bitte!
basulah	wasch bitte!

Die Bitte um einen Gefallen kann auch durch Anhängen von -kan ausgedrückt werden:

Bawakan saya segelas air.
bringen-bitte ich ein-Glas Wasser
Bring mir doch bitte ein Glas Wasser.

Bitten werden noch höflicher durch sila oder tolong ausgedrückt (tolong dann, wenn ich einen Nutzen daraus ziehe):

Tolong kembalikan buku itu.
bitte zurückbringen Buch jenes
Bring bitte jenes Buch zurück. *(mir zuliebe)*

Sila kembalikan buku itu.
bitte zurückbringen Buch jenes
Bring bitte jenes Buch zurück.

Hilfsverben

Wie überall werden auch im Malaiischen häufig Hilfsverben verwendet:

boleh	können
mesti, kena	müssen
harus, patut	sollen, *(moralisch)* verpflichtet sein
hendak, nak	wünschen, wollen
suka	mögen
biar	lassen *(lasst ihn, lasst uns ...)*

Andere Verben, die Vorlieben und Abneigungen ausdrücken, sind:

benci	hassen
cinta	(leidenschaftlich) lieben
dengki	beneiden
gemar, sayang	mögen, gern haben
ingin	sich sehnen nach
takut	sich fürchten vor
marah	verärgert sein

Tidak boleh masuk.
nein können eintreten
Zutritt verboten

Verneinungen

Das Wort tidak bzw. tak (= *nein / nicht*) haben wir schon zu Beginn gelernt; in Malaysia sagen sprechen es die meisten nur ta' aus. Es wird in Verbindung mit Verben und nicht besonders betonten Adverbien und Adjektiven verwendet.

Dia tak mari.
er nicht kommen
Er kommt nicht.

Saya tak mau beli daging ini.
ich nicht wollen kaufen Fleisch dieses
Ich will dieses Fleisch nicht kaufen.

Hari ini tidak panas, sejuk.
Tag dieser nicht heiß kühl
Heute ist es nicht heiß, sondern kühl.

Man achte auf den folgenden Unterschied in der Wortstellung von tak.

Awak suka tak buah durian?
du mögen nicht Frucht Durian
Magst du Durian, oder nicht?

Awak tak suka buah durian?
du nicht mögen Frucht Durian
Magst du keine Durian?

Hinter das Verb gestellt bedeutet es also „oder nicht?“. Bei Haupt- und Fürwörtern sagt man bukan, das oft unserem ‚kein' entspricht:

Verneinungen

Ini bukan suratkhabar, ini majallah.
dies keine Zeitung dies Zeitschrift
Dies ist keine Zeitung, sondern ein Magazin.

Bukan *wird auch verwendet, um einen Widerspruch auszudrücken.*

Bukan begitu, begini!
nicht wie-das wie-dies
Nicht so, sondern so!

Saya bukan orang Jerman, saya orang Swis.
ich nicht Mensch deutsch ich Mensch Schweiz
Ich bin kein Deutscher, sondern Schweizer.

„ … , nicht wahr?“ wird ebenfalls mit bukan ausgedrückt:

Dia emak awak, bukan?
sie Mutter du nicht
Sie ist deine Mutter, nicht wahr?

„Nein“ wird entsprechend entweder durch bukan oder durch tak ausgedrückt:

Awak mau makan sekarang?
du mögen essen jetzt
Magst du jetzt essen?

Tak mau sekarang, kemudian.
nicht mögen jetzt später
Nein, jetzt nicht, später.

oder auch: **Bukan sekarang, kemudian.**
Nicht jetzt, später.

Boleh saya masuk?
können ich hereinkommen
Kann ich hereinkommen?

Im Malaiischen antwortet man nie einfach mit „nein" oder „ja", sondern wiederholt einen Teil des Satzes.

Boleh.	**Ta' boleh.**
können	*nicht können*
Ja.	Nein.

Adakah roti?	**Ada.**	**T'ada.**
haben-? Brot	*haben*	*nicht haben*
Haben Sie Brot?	Ja.	Nein.

tidak ada *verkürzt:* t'ada

Awak ada lima ringgit?	**Ya, ada.**
du haben fünf Ringgit	*ja haben*
Hast du fünf Ringgit?	Ja.

„Ja" heißt praktischerweise ya.

Für Befehle, Aufforderungen und Bitten gibt es ein eigenes Wort:

jangan	*bei sachlicher Aufforderung*
usah, tak usah	*bei Drängen, das durch* -lah *noch abgemildert werden kann, vergleichbar mit* „tu doch bitte".
Jangan masuk!	Nicht eintreten!
Tak usahlah masuk.	Komm (bitte) nicht herein.
Tak usahlah pergi.	Geh (bitte) nicht.

Jangan beri dia wang, beri dia bekerja.
nicht geben er Geld geben er Arbeit
Gib ihm nicht Geld sondern Arbeit.

Fragen

Man kann aber auch apakah *(ob wohl ...) voranstellen.*

Die einfachste Form, wie wir sie auch benutzen, habe ich schon vorgestellt: Aussagesatz plus Stimme heben.

Awak datang esok?
du kommen morgen
Kommst du morgen?

Apakah awak datang esok?
ob-wohl du kommen morgen
Kommst du morgen?

Wollen wir eines der Wörter im Satz betonen, hängen wir die Fragepartikel -kah daran:

Awakkah yang datang esok?
du-? welche kommen morgen
Kommst <u>du</u> morgen?

Awak datangkah esok?
du kommen-? morgen
<u>Kommst</u> du morgen?

Awak datang esokkah?
du kommen morgen-?
Kommst du <u>morgen</u>?

Fragewörter

„Was“ (apa) und „wie viel“ (berapa) hatten wir schon zu Beginn, hier sind weitere Fragewörter:

siapa	wer
di mana – ke mana	wo – wohin
siapa punya	wessen
dari mana – yang mana	woher – welcher
kenapa, mengapa	warum, weshalb
bagaimana, macam mana	wie
bila	wann

berapa harga?
wie-viel Preis
wie teuer?

berapa jam?
wie-viel Stunden
wie lange?

jam / pukul berapa?
Uhr wie-viel
wie spät?

Umur (awak) berapa?
Alter (du) wie-viel
Wie alt bist du?

Siapa nama (awak)?
wer Name (du)
Wie heißt du?

Siapakah nama isteri dia?
wer-? Name Ehefrau er
Wie heißt seine Frau?

Berapa batu / kilometer?
Wie viele Meilen / Kilometer?

Apakah itu?
Was ist das da?

Siapakah ini?
Wer ist dies hier?

Kenapa(kah) awak tidak pergi ke Ipoh?
warum(?) du nicht fahren nach Ipoh
Warum fährst du nicht nach Ipoh?

auch: „Warum bist du nicht nach Ipoh gefahren?“

(Ke) mana awak pergi?
(nach) wo du gehen
Wohin fährst / fuhrst du?

Die Präposition vor mana *kann wegfallen, wenn der Sinn klar ist.*

Verhältniswörter

Ortsangaben können im Malaiischen nicht alleine stehen. Sie benötigen ein Zusatzwörtchen, das klärt, ob sich etwas dort befindet, dorthin bewegt oder von dorther kommt. Diese Wörtchen heißen:

di	in, auf, bei
ke	nach, hin
dari	von, her

Saya di dalam kamar.
ich in innerhalb Zimmer
Ich befinde mich im Zimmer.

Saya pergi ke dalam kamar.
ich gehe nach innerhalb Zimmer
Ich gehe in das Zimmer (hinein).

Saya datang dari dalam kamar.
ich komme von innerhalb Zimmer
Ich komme aus dem Zimmer (heraus).

Alle folgenden Positionsangaben benötigen einen solchen Zusatz: di ... , ke ... , dari ... .

atas	auf, über, oben, oberhalb
bawah	unter, unten, unterhalb
dapan	vor, vorne
belakang	hinter, hinten
balik	hinter (auf der Rückseite)

dalam	in, innen, innerhalb
luar	außen, außerhalb
sebelah	neben
antara	zwischen, dazwischen
sini – sana	hier – dort

Kamera saya di atas meja.
Kamera ich in auf Tisch
Meine Kamera ist auf dem Tisch.

daripada **(von) /** ***kepada*** **(zu)**

Diese werden im Zusammenhang mit Personen verwendet.

Surat ini datang daripada kawan saya.
Brief dieser kommen von Freund ich
Dieser Brief kommt von meinem Freund.

Beri surat ini kepada dia.
geben Brief dieser zu er
Gib ihm diesen Brief!

dengan **(mit)**

Mereka pergi ke sekolah dengan bas sekolah.
sie fahren nach Schule mit Bus Schule
Sie fahren mit dem Schulbus zur Schule.

Kita boleh pergi ke Sabah
dengan kapalterbang atau kapal laut.
wir können gehen nach Sabah
mit Schiff-hochsteigen oder Schiff Meer
Wir können nach Sabah fliegen oder mit dem Schiff fahren.

oleh (durch, mittels)

Jalan raya itu sedang dibaiki oleh Jabatan Kerja Raya (JKR).
Straße groß jene gerade verbessert durch Amt Arbeit Groß
Jene Hauptstraße wird durch das Amt für öffentliche Arbeiten repariert.

pada (bei, um, auf)

Pada kakinya ada nyamuk.
auf Bein-sein gibt-es Moskito
Auf seinem Bein sitzt ein Moskito.

tayang, tayangkan = *ins Licht halten*

Tayangkan gambar itu bermula pada pukul 9.00 tepat.
Ins-Licht-Halten Bild jenes beginnen um Schlag 9:00 genau
Der Film beginnt genau um 9:00 Uhr.

sampai (bis)

Peladang-peladang itu bekerja dari pagi sampai petang.
Bauer-Bauer jener arbeiten von morgens bis nachmittags
Jene Bauern arbeiten von morgens bis abends.

Bindewörter

Sehen wir uns zunächst wichtige Bindewörter, die einzelne Wörter verbinden, an:

dan	und
tetapi	aber
dengan	mit
serta	samt, gemeinsam mit, sobald als
atau	oder

Dia membeli daging dan sayur.
er kaufen Fleisch und Gemüse
Er kauft Fleisch und Gemüse

Bilik di hotel ini kecil tetapi bersih.
Zimmer in Hotel dies klein aber sauber
Die Zimmer in diesem Hotel sind klein, aber sauber.

Ibubapa serta keluarga dijemput hadir perkahwinan.
Mutter-Vater samt Familie eingeladen beiwohnen Hochzeit
Die Eltern wurden samt Familie zur Hochzeit eingeladen.

Die folgenden Bindewörter verbinden Teilsätze (Haupt- und Nebensätze) miteinander.

Sungguhpun dia miskin tetapi dia sentiasa gembira.
obwohl er arm doch er immer gut gelaunt
Obwohl er arm ist, ist er immer guter Dinge.

Bindewörter

apabila, bila	wenn *(Zeit)*
kalau, jika, jikalau	wenn, falls
sambil	während
sejauh – selama	inwieweit – solange
sebelum – selepas, setelah	bevor – nachdem
semenjak, sejak	seit(dem)
meski(pun), walau(pun)	selbst wenn, obwohl
seolah-olah – untuk	als ob – um zu
dengan syarat	unter der Bedingung, dass
kalau tidak	falls nicht, oder sonst
sama ada ... atau	ob ... oder, entweder ... oder
bukan sahaja...tetapi juga	nicht nur ... sondern auch
sunggahpun ... tetapi	obwohl ... dennoch
ketika	als
sebab, kerana	weil, denn
hingga, sehingga	bis dass
kecuali	außer
supaya, sehingga	(so) dass

Udara di waktu pagi bukan sahaja bersih tetapi juga menyegarkan.
Luft in Zeit morgens nicht nur sauber aber auch erfrischend
Die Morgenluft ist nicht nur sauber, sondern auch erfrischend.

Belajarlah bersungguh-sungguh, kalau tidak awak tidak akan berjaya.
lerne-doch! wirklich-wirklich falls nicht du nicht werden erfolgreich
Lerne fleißig, sonst hast du keinen Erfolg.

Dia menyanyi sambil menari.
sie singen während tanzen
Sie sang, während sie tanzte.

Zahlen & Zählen

Dies ist einer der wichtigsten Abschnitte, denn als Reisende hat man es ja dauernd mit Zahlen zu tun, und von allen Wörtern, die man beherrschen sollte, sind die Zahlwörter die wichtigsten.

0	**kosong**		
1	**satu (se-)**		
2	**dua**		
3	**tiga**		
4	**empat**	**-belas**	-zehn
5	**lima**	**-puluh**	-zig
6	**enam**	**-ratus**	-hundert
7	**tujuh**	**-ribu**	-tausend
8	**lapan**		
9	**sembilan**		
10	**sepuluh**		
11	**sebelas**		
12	**dua belas**		
30	**tiga puluh**		
65	**enam puluh lima**		
123	**seratus dua puluh tiga**		
404	**empat ratus empat**		
1100	**seribu seratus**		
1572	**seribu lima ratus tujuh puluh dua**		
10.000	**sepuluh ribu**		
14.312	**empat belas ribu tiga ratus dua belas**		
1 Million	**sejuta, satu juta**		
5 Millionen	**lima juta**		

Zum Glück braucht man nicht einmal 20 Wörter zu lernen, um damit von Null bis in die Millionen zu zählen. Das System ist sehr einfach.

Satu *wird in Kombinationen zu* se-, *also z. B.* seratus *anstatt* satu ratus, *oder* seorang *anstatt* satu orang, *u. ä.*

Zig-	**berpuluh-puluh**
Hunderte	**beratus-ratus**
Tausende	**beribu-ribu**
Millionen	**berjuta-juta**

Beribu-ribu orang datang.
Tausende von Menschen kamen

satu per empat = *eins durch vier*

1/4	**suku, seperempat**
1/3	**sepertiga**
1/2	**setengah** *(Preis, Zeit)*
	separuh *(Halb-)*
3/4	**tiga suku, tiga per empat**

Rechnen

wörtlich: mischen, addieren; stoßen, abziehen; mal, Mal; geteilt durch; werden

	1 %	**satu peratus**
	10 %	**sepuluh peratus**
wörtlich:	0,5 %	**kosong perpuluhan lima peratus**
mischen, addieren	+	**campur**
stoßen, abziehen	–	**tolak**
mal, Mal	x	**kali**
geteilt durch	:	**membahagi**
werden	=	**jadi**

2 + 3 = 5
dua campur tiga jadi lima

2 x 3 = 6
dua kali tiga jadi enam

Preise

harga	Preis
berapa (harga)	wie teuer
sekilo	1 Kilogramm, pro Kilo
sekati	1 Kati (600 gr.), pro Kati

Sekilo daging ini tujuh rInggit setengah.
ein-kg Fleisch dieses sieben Ringgit halb
Dieses Fleisch kostet 7,50 Ringgit pro Kilo.

Der Preis wird wie bei uns oft verkürzt genannt: Je nach Zusammenhang kann satu setengah *(= eins halb) 1,50, 150, 1500, 1,5 Millionen usw. bedeuten.*

Ordnungszahlen

Sie werden – außer der ersten – einfach durch Voranstellen von yang ke- vor das Zahlwort gebildet:

yang pertama	der, die, das erste
yang kedua	der, die, das zweite
yang kesebelas	der, die, das elfte
yang terakhir	der, die, das letzte
terkebelakang	letzter, hinterster

Dia orang yang pertama tiba.
er Mensch welcher erster eintreffen
Er traf als erster ein. / Er kam als erster an.

Kereta ini adalah keretanya yang kedua.
Wagen dieser ist-! Wagen-ihr welcher zweiter
Dies ist ihr zweiter Wagen.

Siapa dapat hadiah yang ketiga?
wer bekommen Preis welcher dritte
Wer bekam den dritten Preis?

Datang pada Hari Raya yang pertama.
kommen an Hari Raya welcher erster
Kommt am ersten Tag von Hari Raya.

Kategoriewörter

Wie in anderen asiatischen Sprachen werden auch im Malaiischen dort so genannte Kategoriewörter verwendet, wo wir ohne sie auskommen. Wir sagen zwar auch „zwei Blatt Papier", aber andererseits heißt es im Deutschen einfach „drei Bücher", „vier Bananen". Im Malaiischen lauten diese drei Beispiele aber:

dua keping kertas	zwei *Scheiben* Papier
tiga buah buku	drei *Früchte* Buch
empat butir pisang	vier *Körner* Banane

Welche Kategoriewörter für welche Bezugswörter zu benutzen sind, können Sie folgender Liste entnehmen.

orang *(Mensch)* Personen	**dua orang polis** zwei Polizisten
ekor *(Schwanz)* Tiere	**tiga ekor ikan** drei Fische
buah *(Frucht)* große, geräumige Gegenstände wie Bücher, Möbel, Gebäude, Fahrzeuge, Schiffe, Inseln, Länder	**tiga buah pulau** drei Inseln **enam buah kapal laut** sechs Dampfer
biji *(Samen)* kleine runde Gegenstände	**lima biji cawan** fünf Tassen **duabelas biji telur** ein Dutzend Eier

butir *(Korn)* etwas größere runde Gegenstände, oft Obst	**empat butir kelapa** vier Kokosnüsse
batang *(Stange)* lange Gegenstände wie Stifte, Zigaretten, Stämme, Ströme	**tiga batang rokok** drei Zigaretten
keping *(Scheibe)* flache Gegenstände wie Papier, Scheiben von Brot, Wurst, usw.	**sekeping kertas** ein Blatt Papier
helai größere flache Gegenstände, Stoff, Gras, Blätter, Papier, auch Haar (!)	**sehelai kain** ein Stoff **dua helai rambut** zwei Haare

Es gibt zwar noch weitere Kategoriewörter, aber für den Anfang sollten diese reichen.

Anaknya suka rambutan; tadi dia makan dua puluh biji.
Kind-sein mögen Rambutan gerade es essen zwanzig Körner
Sein Kind liebt Rambutan, gerade aß es zwanzig Stück.

Tukang sembelih potong daging itu berkeping-keping; ada enam keping semuanya.
Handwerker schlachten schneiden Fleisch jenes Scheibe-Scheibe haben sechs Scheiben alles-sein
Der Metzger schnitt das Fleisch in Scheiben; das ergab zusammen sechs Scheiben.

unbestimmte Mengenangaben

Nicht vergessen: Mengenangaben stehen vor dem Bezugswort!

Hier sind weitere Mengenangaben; im Abschnitt über die Hauptwörter haben wir schon einige kennengelernt.

	banyak	viel(e) *(nicht: „sehr")*
nur für Menschen gebraucht	**ramai**	viele
	sedikit, sikit	etwas, wenige
	separuh, setengah	*wörtl.* „halb", *wenn unbest.:* einige
	apa-apa	irgendetwas
	siapa-siapa, sesiapa	irgendjemand
	mana-mana	irgendwo
Gegenstände	**sebarang**	irgendwelche
	sangat, amat	sehr
	tak beberapa	nicht sehr / so
	beberapa	mehrere

beberapa orang laki-laki
mehrere Männer
tak ramai orang perempuan
nicht viele Frauen
siapa-siapa boleh masuk
jeder kann hineingehen

Awak boleh ambil apa-apa awak suka.
du können nehmen irgendetwas du mögen
Du kannst alles nehmen, was du willst.

Nanas ini tak berapa masak.
Ananas diese nicht viel reif
Diese Ananas ist nicht so / sehr reif.

Zeit & Zeitbegriffe

Die Uhrzeit macht im Malaiischen keine Probleme.

Uhrzeit

pukul	Uhr *(Uhrzeit)*
pukul berapa	wie viel Uhr?, wie spät?
pukul lapan	acht Uhr
jam	Stunde, Uhr
minit	Minute
sa'at	Sekunde

wörtl.: Schlag

„Uhr" (= Uhrzeit) ist neben pukul auch jam, und so heißt auch die Uhr als Zeitmesser.

jam tangan *(Uhr Hand)*	Armbanduhr
jam dinding *(Uhr Wand)*	Wanduhr
berapa jam?	wie viel Stunden?
sembilan jam	neun Stunden
jam duabelas	zwölf Uhr
waktu, masa	Zeit

An die Uhrzeit wird zur Verdeutlichung meist die Tageszeit angehängt, da die Stunden nur bis zwölf gezählt werden:

pagi	morgens, vormittags
pagi-pagi	sehr früh morgens
tengahari	mittags
petang	nachmittags
malam	abends, nachts

nach Sonnenuntergang

pukul enam setengah pagi
6:30 / halb sieben morgens

pukul empat suku petang
16:15 / Viertel nach vier nachmittags

jam sembilan dua puluh lima malam
Uhr neun zwei zehn fünf abend
21:25 / fünf vor halb zehn abends

kurang lima pukul duabelas
weniger fünf Schlag zwölf
fünf Minuten vor zwölf

kurang suku pukul lapan pagi
weniger Viertel Schlag acht morgens
7:45 / Viertel vor acht morgens

lagi tigabelas minit pukul sepuluh
noch dreizehn Minuten Schlag zehn
9:47 / 13 Minuten vor zehn

Wochentage

Im Malaiischen werden die arabischen Bezeichnungen verwendet:

hari Ahad, minggu	Sonntag
hari Isnin	Montag
hari Selasa	Dienstag
hari Rabu	Mittwoch
hari Khamis	Donnerstag
hari Jumaat	Freitag
hari Sabtu	Samstag

Monate

In Malaysia ist das gregorianische und islamische Zählsystem in Gebrauch: Im Alltag richtet man sich nach dem westlichen (gregorianischen), also nach dem Sonnenkalender. Religiöse islamische Feste werden jedoch nach dem Mondkalender bestimmt und begangen. Die Mondkalender der Chinesen und Inder weichen übrigens vom islamischen ab.

Die Monatsnamen für unseren Kalender sind – wie man erkennen kann – aus dem Englischen übernommen worden.

gregorianischer Kalender	islamischer Kalender *(nicht zeitgleich!)*
Januari	**Muharram**
Februari	**Safar**
Mac	**Rabi 'ul-awwal (bulan Maulud)**
April	**Rabi 'ul-akhir**
Mei	**Jamadil-awwal**
Jun	**Jamadil-akhir**
Julai	**Rajab**
Ogos	**Sya'aban**
September	**Ramadhan (bulan Puasa)**
Oktober	**Syawal (bulan Raya Puasa)**
November	**Zulkaidah (bulan Berapit)**
Disember	**Zulhijjah (bulan Raya Haji, bulan Haji)**

Ureinwohner mit Blasrohr, Sarawak

Datum

Das Datum wird ähnlich geschrieben wie bei uns, allerdings benutzt man keine Ordnungszahl, sondern hängt die Abkürzung hb. (hb = hari bulan = Monatstag) an eine Grundzahl an.

13hb. Mei, 2010	13. Mai 2010
6hb. Disember, 1947	6. Dezember 1947
tarikh, hari bulan	Datum
pada	am *(Verhältniswort des Datums)*

Saya dilahirkan pada hari minggu, 21hb. November ...
ich geboren am Tag-Woche 21. November ...
Ich wurde am Sonntag, den 21. November ... geboren.

islamische Feiertage in Malaysia
1. Muharram
islamisches Neujahr (Gedenktag für Mohammeds „Hadsch" von Mekka nach Medina, 622 A. D.)
12. Rabi 'ul-awwal
Mohammeds Geburtstag
1. Syawal: Hari Raya Puasa (Hari Raya Idilfitri)
Ende der Fastenzeit
10. Zulhijjah: Hari Raya Haji (Hari Raya Idiladha)
Gedenktag für die Pilger, die an diesem Tag den „Baitullah", den schwarzen Stein der Ka'aba, in Mekka umrunden.

Moschee in Kota Kinabalu, Sabah

allgemeine Zeitbegriffe

hari	Tag	**sekarang**	jetzt
hari ini	heute	**sedang, baru**	gerade
tiap-tiap hari	jeder Tag	**masih**	noch
ke(l)marin, semalam	gestern	**nanti**	gleich, später

ke(l)marin dahulu	vorgestern
ke(l)marin pagi	gestern vormittag
malam tadi	letzte Nacht
(b)esok	morgen
lusa	übermorgen
sebelum	davor
selepas	danach
dahulu, dulu	vorher
minggu	Woche
bulan	Monat
tahun	Jahr
minggu yang datang	kommende / nächste Woche
bulan yang lalu	vergangenen / letzten Monat
pada masa ini	um diese Zeit, gegenwärtig
tidak lama lagi	nicht mehr lange, bald

Anhängsel

Dieser Abschnitt ist eine Zugabe für diejenigen, die noch ein paar Feinheiten der Sprache verkraften können. Man muss sie nicht wissen, kann sich also auch mit flüchtigem Durchlesen begnügen.

-lah

In Malaysia wird man ständig -lah am Ende von Wörtern und Sätzen hören. Es dient entweder der Betonung eines Wortes oder der Ausgewogenheit eines Satzes:

Kalau awak hendak ambilah.
wenn du wollen nehmen-!
Wenn du (unbedingt) willst, nimm's doch!

Cantiklah lukisan ini.
schön-! Bild dieses
Wie schön dieses Bild ist! / Toll ist dieses Bild!

lapang = *unbesetzt, frei*

Datanglah bila-bila lapang.
Komm halt, wann immer du nichts vor hast.

-nya

Viel gebraucht wird auch die Nachsilbe -nya, die wir als persönliches Fürwort der 3. Person kennengelernt haben, die aber auch zur Betonung oder als Adverb verwendet wird:

Katanya dia akan datang.
sagen-er werden kommen
Er sagt, er würde kommen.

Lebatnya hujan.
schwer-er Regen
Wie stark der Regen ist.

Hari nak hujan nampaknya.
Tag werden Regen aussehen-sein
Es sieht aus, als ob es regnen wird.

akhirnya	**mulanya**
(sein Ende)	*(sein Anfang)*
schließlich	anfangs

juru-

Experten werden oft durch das Voranstellen von juru- vor ihrer Tätigkeit bezeichnet:

juruterbang	Pilot
jurubahasa	Dolmetscher
jururawat	Krankenschwester
jurutera	Ingenieur
jurulatih	Trainer

tata-

Die Vorsilbe tata- *(Methode, System)* bezeichnet abstrakte Begriffe wie:

tatabahasa	Grammatik
tatatertib	Disziplin

-wan / -wati

-wan *(m)* / -wati *(w)* bildet Personenbezeichnungen:

jutawan	Millionär
wartawan	Journalist
sukarelawan	Freiwilliger

se-

Die Vorsilbe se- ist uns bereits mehrfach begegnet. Sie hat viele Bedeutungen:

sehari – seringgit	ein Tag – ein Ringgit
sebaya	dasselbe Alter
sepejabat	dasselbe Büro
sepanjang jalan	die Straße entlang
sekitar kawasan	in der Gegend herum
sewaktu itu	während jener Zeit
seketika itu	in jenem Augenblick

sepandai dia
so klug wie er

setinggi pokok
so hoch wie ein Baum

sepatutnya
mit Fairness

sewajarnya
natürlich

makan sebanyak-banyaknya
soviel wie möglich essen

setibanya di Pulau Pinang
sobald er in Penang eintraf

seseorang	jemand
sesuatu	jede(r, s)
sekiranya	falls zufällig
sememangnya	von Natur aus
selain daripada itu	abgesehen davon, dass
sekehendak hatinya	übereinstimmend mit seinem Wunsch

Damit ist der Grammatikteil zu Ende. Mit dem angebotenen Handwerkszeug können Sie bereits viele einfache Gespräche führen. Wenn Malaien sich miteinander unterhalten, werden Sie jedoch nur wenig mitbekommen – das ist normal. Aber wichtig ist es, dass Sie sich verständlich machen können, und auf einfache Fragen werden Sie in der Regel auch einfache, verständliche Antworten bekommen. Viel Spaß also bei der Anwendung Ihres Malaiisch. Die Einheimischen freuen sich so oder so darauf.

Teeplantagen in den Cameron Highlands

© ml

Chinesischer Kuan-Yin-Tong-Tempel, Penang (Georgetown)

Mini-Knigge

Für Malaysia brauchen wir eigentlich nicht nur einen Satz Verhaltensregeln, sondern mindestens drei, je einen für die Vertreter der drei Völker (bangsa): Malaien (Orang Melayu), Chinesen (Orang Cina) und Inder (Orang Hindia) – die Vertreter der übrigen Volksgruppen wie die Orang Asli in West-Malaysia, die Kadazan, Murut und Bajau in Sabah oder die Iban, Kelabit und Penan in Sarawak nicht mitgerechnet. Sie alle haben ihren eigenen Verhaltenskodex. Wir begnügen uns hier mit allgemeingültigen Regeln.

Die Malaysier sind im Umgang miteinander im Allgemeinen freundlich und unkompliziert. So reicht auch für uns freundliches, natürlich höfliches Verhalten. Man erwartet von uns nicht, dass wir uns genau auskennen und nimmt uns Fehler wohl kaum übel. Dennoch hier ein paar nützliche Hinweise in bunter Folge:

Älteren (unabhängig von Rang) und allen Personen mit höherem Status gilt besonderer Respekt. Ihnen wird auch bevorzugt ein Sitzplatz (z. B. im Bus) angeboten.

Lassen Sie möglichst niemanden das „Gesicht verlieren“; in dieser Beziehung sind die meisten Asiaten sehr empfindlich, d. h. schreien Sie sie nicht an, blamieren Sie sie nicht, bringen Sie sie nicht in große Verlegenheit, usw.. Man schmeichelt den anderen,

Komplimente werden gern gehört.

lobt, verteilt Komplimente, vermeidet öffentliche Kritik, ist um Harmonie bestrebt. Die andere Person wird – in Worten – oft wichtiger gemacht als sie ist, was ja nichts schadet.

Die Höflichkeit verlangt es auch, dass man Fremden Wünsche weitgehend erfüllt. Jemand wird mir auf meine Frage nach dem Weg sagen: „Dort geht's lang", selbst wenn er es nicht genau weiß. In solchen Fällen empfiehlt es sich also, stets mehrere Personen zu fragen.

Für Malaiinnen sind selbst Badeanzüge nicht drin: Sie baden mit T-Shirt darüber, wenn überhaupt. Der Islam schreibt vor, dass Frauen außerhalb des Hauses nur Gesicht, Hände und Füße entblößen dürfen, woran sich auch viele junge Mädchen halten. Viele tragen den tudung, *der sie wie Nonnen aussehen lässt, Folge des strenger gewordenen Islam.*

Kleidung: Die Menschen in Malaysia sind viel konservativer als im Westen, selbst die kess angezogenen Chinesinnen. Frauen tragen grundsätzlich BH unter T-Shirt, Bluse oder Kleid. Oben ohne baden ist grundsätzlich tabu.

Die Männer sollen ihre Beine auch nicht enthüllen, also tragen sie lange Hosen oder Sarongs.

Touristen müssen das nicht unbedingt, Shorts sind gerade noch akzeptabel. Chinesische Männer sowie auch jüngere Chinesinnen tragen sie vielfach ebenfalls. Aber an der Ostküste (mit den herrlichen Stränden) sind die Menschen strenge Moslems. Hier also nicht zu gewagt kleiden, sonst – das gilt besonders für Frauen – behandeln einen die Malaien dementsprechend. Malaiinnen und Inderinnen tragen fast immer lange Röcke.

Enges Beisammensein (khalwat) zwischen nicht verheirateten Partnern oder gar unehelicher Sex (zinah) können Moslems ins Gefängnis bringen; auch Küsse sind nicht gestattet. Am besten also Berührungen des anderen Geschlechts vermeiden. In diesem Zusammenhang ein kurzer Hinweis: Wer Malai(inn)en heiraten und in Malaysia leben will, muss sich zum Islam bekehren oder mit ihm / ihr auswandern! Malaien dürfen ihre Religion nicht wechseln, alle anderen ja.

Sie sollten nie den Kopf eines anderen berühren, auch oder gerade den eines Kindes nicht. Der Kopf ist der Ort der Seele. In Thailand gilt dasselbe. Für Malaien sind die Füße unrein, also nicht mit den Füßen irgendwohin zeigen oder Gegenstände bewegen.

Sitzen auf dem Boden: Männer im Schneidersitz, Frauen halten ihre Füße links seitlich.

Nicht mit Zeigefinger auf Leute zeigen, sondern mit dem Daumen, der auf der Faust aufliegt (also nicht wie beim Autostopp).

Man winkt heran mit der Handfläche nach unten. Die Bedienung im Restaurant wird auf diese Weise herangewunken, wenn sich die Blicke kreuzen (also nicht rufen, pfeifen o. ä.).

Trinkgeld braucht man nie zu geben. In besseren Lokalen bleiben zwar bei der Rückgabe des Wechselgeldes schon mal ein paar Münzen auf dem Tablett liegen; aber bei Hawkern (Essständen) und auch Taxifahrern kann man sich immer auf den letzten Cent herausgeben lassen. Das machen alle so.

Man wird Sie immer fragen: Was haben Sie für dies oder das bezahlt? War der Preis zu hoch, wird man es Ihnen sagen.

Inder und Malaien essen mit der rechten Hand, nie mit der linken, die auf der Toilette gebraucht wird. Nach dem Essen gibt es (Limonen-)Wasser zum Säubern der Hand. Denken Sie immer daran, dass die linke Hand generell als unrein gilt. Übergeben Sie daher Geschenke usw. immer mit der rechten, berühren Sie möglichst kein Essen und keine Waren mit der linken.

Es geht gut so, aber wenn es Ihnen lieber ist: Toilettenpapier (tisu tandas) *gibt es überall zu kaufen.*

Außer in guten Hotels gibt es in Toiletten, die oft keine Augen- und Nasenweide sind, kein Papier, sondern einen Behälter mit Wasser und einen Schöpfer, manchmal nur eine Dose unter dem Wasserhahn. Wasser und die linke Hand erledigen die Aufgabe von Papier.

Beim Betreten von Häusern werden meist die Schuhe ausgezogen, achten Sie darauf, wie es die Gastgeber machen.

In Malaysia gibt es die schöne Sitte des „open house" anlässlich der großen Feiertage: Hari Raya Puasa *(Ende der Fastenzeit)* bei Malaien, Chinese New Year bei den Chinesen, Deepavali bei den hinduistischen Indern, und Weihnachten bei allen Christen. Theoretisch kann man völlig fremde Leute besuchen, in Kuala Lumpur sogar den König oder den Premierminister (beide nur an Hari Raya). Man wird Ihnen etwas zum Knabbern und Trinken anbieten. An Weihnachten z. B. werden auch Malaien, buddhistische Chinesen oder Hindus ihre christlichen Freunde und Bekannten besuchen und umgekehrt. Man verschickt vor diesen Festen auch Grußkarten. Mitbringen muss man nichts, bei chinesischem Neujahr sind aber zwei oder vier Mandarinen als Glückssymbol angebracht.

Kindern gibt man gern etwas Geld in der speziellen roten Tüte (ang pow). *Malaiische Kinder haben diese Sitte für sich natürlich längst übernommen, allerdings gibt es statt der roten chinesischen eine islamisch-grüne Tüte.*

Geschenke werden nicht in der Gegenwart des Besuchers ausgepackt. Man will nicht gierig erscheinen. Ein Geschenk wird übrigens übergeben, indem man es in der rechten Hand festhält (falls es nicht zu schwer ist) und

den rechten Arm mit der linken Hand unterstützt.

Malaien mögen gern Süßes, Parfum, Souvenirs, Spielzeug, aber nichts, was mit Schwein oder Hund (für Moslems unrein) zu tun hat. Bringen Sie auch keinen Alkohol mit! Kein weißes Papier zum Einpacken verwenden (Trauerfarbe).

Inder bevorzugen grünes, rotes, gelbes Packpapier. Sikhs rauchen nicht, also keine Zigaretten mitbringen! Trauernde Inder sollten Sie nicht montags, dienstags, donnerstags besuchen; Frauen nach der Entbindung nicht dienstags!

Geht man durch eine Menschenmenge, vor allem wenn die Leute auf dem Boden sitzen wie etwa im Langhaus, „schneidet" man mit der Hand in gebückter Haltung einen Weg hindurch und sagt: permisi.

Sprechen Sie eine Einladung zum Essen aus, denken Sie daran, dass Moslems kein Schweinefleisch und Hindus kein Rindfleisch essen dürfen! Der kleinste gemeinsame Nenner ist Huhn (ayam), Fisch (ikan), vielleicht noch Ziege (kambing). Letztere mögen aber viele Chinesen nicht.

Malaien begrüßen sich folgendermaßen: Die Männer berühren einander kurz beide Hände und führen die rechte dann ans Herz (Bedeutung: ich grüße dich von Herzen). Frauen küssen nach der Berührung ihre rechte Hand und führen sie dann ebenfalls ans Herz (Bedeutung: ich küsse deinen Gruß).

Vergessen Sie nicht: Die linke Hand gilt als unrein!

Chinesen soll man beim ersten Besuch nichts mitbringen: Man will sich die Freundschaft ja nicht erkaufen. Ansonsten Süßigkeiten, Kuchen, für Männer Cognac (Brandy); Geschenke möglichst in gerader Zahl, und besser keine Blumen, schon gar nicht in ungerader Zahl (Blumen für Trauer und Krankheit). Chinesen wollen wegen dieser Assoziation auch keine Taschentücher, Uhren, Storchfiguren auf Kuchen, scharfe Gegenstände: alles Unglückszeichen! Geschenkpapier darf nicht weiß, schwarz oder blau sein.

Es ist besser, eine Religion zu haben. Es ist nicht so wichtig, welche, Hauptsache man ist gläubig. Auch die Christen sind in Malaysia sehr aktive Kirchgänger.

Chinesische Tempel werden von rechts betreten und nach links verlassen. In indischen Tempeln darf man Statuen und Gemälde nicht anfassen. Moscheen dürfen von Nicht-Moslems nur selten betreten werden, darum fragen Sie vorher. Vor dem Betreten die Schuhe ausziehen und nicht vor Betenden vorbeigehen.

Strenge Moslems berühren einander oft nicht. Da Männer und Frauen sich nicht berühren sollten, begnügen sich Frauen oft mit freundlichem Kopfnicken.

Viele Malaysier äußern sich kritisch über ihr Land und die Politik. Man sollte aber ein Gespür entwickeln, ob man sich selbst kritisch äußern kann. Heikle Themen sind das Miteinander der Völker, die Bevorzugung der Malaien, die Vormachtstellung des Islam. Unproblematische Themen sind Essen, Sport und Business.

Begrüßung

Die Formel dafür ist selamat, woran noch die Tageszeit oder der Gegenstand des Wunsches angehängt wird. Moslems unter sich begrüßen sich unabhängig von der Tageszeit in der Regel mit dem Standardgruß der Moslems weltweit, salam alaikum, worauf mit alaikum salam geantwortet wird. Halten Sie sich jedoch – soweit Sie nicht selbst Moslem sind – an die üblichen Grußformeln:

Selamat ...	Guten ...
... pagi.	... Morgen!
... tengahari.	... Mittag!
... petang.	... Nachmittag!
... malam.	... Abend!
... tidur. *(Schlaf)*	Gute Nacht!
... jalan.	Guter Weg! / Gute Reise!
... tinggal.	Gutes Bleiben!
... datang.	Herzlich willkommen!
... bekerja.	Gutes Arbeiten!

Für „auf Wiedersehen" gibt es folgenden Minidialog:
– für die Weggehenden
– für die Bleibenden

Redewendungen

Apa khabar?	Wie geht's?
Khabar baik.	Gut!
Terima kasih.	Danke.
Sama-sama.	(Danke) gleichfalls.
Minta maaf.	Entschuldigung! / Verzeihung! / Es tut mir leid.
Maafkan saya.	Entschuldigen Sie mich bitte.
Permisi.	Gestatten Sie!
Ta' tau.	Ich weiß nicht.
Ta' boleh.	Ich kann nicht.
Ta' apa-apa.	Macht nichts!
Sampai jumpa lagi.	Bis zum nächsten Mal.

wörtlich:
was Neuigkeit
Neuigkeit gut
annehmen Liebe
gleich-gleich.
bitten Verzeihung

beim Verlassen eines Raumes

Ausrufewörter

aduh / aduhai	Oh! / Oh je! *(häufig gebrauchter Ausdruck der Überraschung bzw. des Schmerzes)*

auch:
Wie konntest du so etwas tun?!

alama(k)	oh Gott!
amboi	oh! *(Ausruf der Überraschung)*
hai	he da! / hallo!
wahai	ah! / oh! *(die Aufmerksamkeit auf sich lenkend)*

Als Zugabe stelle ich hier ein paar gefühlsbezogene Ausdrücke mit hati *(Herz, Gefühl)* vor. Es ist nur eine kleine Auswahl, die aber auch so schon einen schönen Einblick in die Bildhaftigkeit des Malaiischen gibt. Mancher Ausdruck hat aber auch im Deutschen seine Entsprechung:

ambil di hati	*(nehmen ins Herz)*	Groll hegen
belas hati	*(zehn Herz)*	Mitgefühl
berdebar hati	*(klopfen Herz)*	Herzklopfen vor Aufregung
besar hati	*(groß Herz)*	in Hochstimmung
buah hati	*(Frucht Herz)*	*Kosename*
hancur hati	*(gebrochen Herz)*	zerbrochenes Herz
jauh hati	*(fern Herz)*	melancholisch
kecil hati	*(klein Herz)*	verletzt *(figurativ)*
lembut hati	*(weich / zart Herz)*	weichherzig
makan hati	*(essen Herz)*	„brüten“
puas hati	*(zufrieden Herz)*	zufrieden
putih hati	*(weiß Herz)*	aufrichtig
putus hati	*(zerrissen Herz)*	verzweifelt
sedap hati	*(köstlich Herz)*	gut gelaunt
tawar hati	*(ohne-Geschmack Herz)*	keine Lust haben
terang hati	*(hell Herz)*	klaren Blicks

Wortkürzel

Im Gespräch kürzen Malaien liebend gern alle möglichen viel gebrauchten Wörter ab oder lassen Vorsilben weg. Wenn wir das nicht wissen, verstehen wir oft nur Bahnhof. Sehen Sie sich mal malaiische Comics an: Da erscheint kaum ein Wort in voller Länge, aber so reden die Leute eben unter sich. Hier deshalb ein paar typische Beispiele:

ku	=	**aku**	ich
kau	=	**engkau**	du
ni	=	**ini**	dieses
tu	=	**itu**	jenes
'dah	=	**sudah**	schon
'tapi	=	**tetapi**	aber
'gaimana	=	**bagaimana**	wie
nak	=	**hendak**	wollen / werden

Die Vorsilbe me- bei den Verben wird oft verschluckt.

'nunggu	=	**menunggu**	warten
dulu	=	**dahulu**	vor
saja	=	**sahaja**	nur
sikit	=	**sedikit**	etwas / ein bisschen

Unterwegs

Wo immer man hin will, öffentliche Verkehrsmittel fahren. Im Prinzip rumpeln Busse bis in den letzten Kampung, es ist nur eine Frage der Zeit. Die Preise sind niedrig, wenn auch höher als in den Nachbarländern Thailand und Indonesien. Aber schließlich verdienen die Leute in Malaysia auch mehr Geld.

Das Straßennetz in West-Malaysia gehört mit zu den besten in Südostasien. In Ost-Malaysia steckt es vergleichsweise noch in den Anfängen, wird jedoch ständig ausgebaut. In Sarawak dienen die großen Flüsse oft bis weit ins Land hinein als Verkehrsadern.

mit dem Bus

Der Bus ist das meistgebrauchte öffentliche Verkehrsmittel. Wenn Sie sich den Busbahnhöfen (perhentian bas) nähern, kommen Ihnen schon die „Aufreißer" (engl. „touts") entgegen. Ist man bequem, nennt man ihnen nur das Ziel, und wird dann zu einem Agenten gefahren, wo die Fahrkarten (tiket) ausgestellt werden. Die klimatisierten Überlandbusse sind durchweg Expressbusse (bas ekspres), die unterwegs etwa alle zwei Stunden irgendwo an einem Lokal für etwa 20 Minuten halten, auch die Nachtbusse (bas malam).

An Wochenenden, vor allem zu Ferienbeginn und vor bzw. am Ende der großen Festtage, ist halb Malaysia unterwegs. Da heißt es balik kampung *(ins Heimatdorf zurückfahren).* Dann sind reguläre Busse schwer zu bekommen, aber es tauchen jede Menge zusätzlicher Busse auf, die keiner Busgesellschaft gehören, sondern einfach Reisebus (bas pesiaran) heißen.

s(e)tes(y)en bas	Busbahnhof	
(per)hentian bas	Bus-Terminal	*Bus-Haltestelle*
bas ekspres	Expressbus	
bas malam	Nachtbus	
bas pesiaran	Reisebus	
bas kilang	Werksbus	
bas sekolah	Schulbus	
sewa khas	Sonderfahrt	
bas mini	Minibus	
tiket	Fahrkarte	
tempat (duduk)	(Sitz-)Platz	
duduk	sitzen	
nombor tempat duduk	Sitznummer	
(di)tutup – (di)buka	geschlossen – geöffnet	
penuh – kosong	voll – unbesetzt, leer	
ketua s(e)tes(y)en	Bahnhofsvorsteher	
naik – turun	einsteigen – aussteigen	
berhenti	anhalten	
berlepas, bertolak	abfahren	
tiba	ankommen	
agaknya	ungefähr	
panduan bas	Busfahrplan	
duit syiling	passendes Kleingeld	*„Schilling"*
memberitahu	(Bescheid) sagen	

Pukul berapa bas ke ... berlepas / bertolak?
Schlag wie-viel Bus nach ... abfahren
Um wie viel Uhr fährt der Bus nach ... ab?

Di mana boleh saya membeli tiket untuk bas ke ... ?
in wo kann ich kaufen Karte für Bus nach ...
Wo kann ich eine Fahrkarte für den Bus nach ... kaufen?

Dari manakah bas ke ... berlepas?
von wo-? Bus nach ... abfahren
Wo fährt der Bus nach ... ab?

Berapa jam ke ... ?
wie-viel Stunden nach ...
Wie viel Stunden sind es nach ... ?

Pukul berapa agaknya bas ke ... akan tiba?
Schlag wie-viel ungefähr Bus nach ... wird ankommen
Wann etwa wird der Bus in ... ankommen?

Pukul berapa bas dari ... akan tiba?
Schlag wie-viel Bus von ... wird ankommen
Um wie viel Uhr wird der Bus aus ... eintreffen?

elegant ausgedrückt
Adakah tempat duduk ini berempunya?
haben-? Platz sitzen dieser besetzt
Ist dieser Platz besetzt?

einfacher ausgedrückt
Tempat duduk ini ada orang atau tidak?
Platz sitzen dieser haben Mensch oder nicht
Ist dieser Sitzplatz frei oder nicht?

Masihkah ada tempat duduk untuk bas ke ... ?
noch-? haben Platz sitzen für Bus nach ...
Haben Sie noch einen Platz im Bus nach ... ?

Minta maaf, bas untuk ke ... sudah penuh.
bitte Verzeihung Bus für nach ... schon voll
Leider ist der Bus nach ... schon voll.

Pada pukul berapa ada bas lain?
um Schlag wie-viel haben Bus weiterer
Um wie viel Uhr gibt es noch einen Bus?

Bolehkah saudara memberitahu saya di mana saya harus turun?
können-? Bruder Bescheid-sagen ich in wo ich muss aussteigen
Können Sie mir Bescheid sagen, wo ich aussteigen muss?

Saya mau turun di ...
ich wollen aussteigen in ...
Ich möchte in ... aussteigen.

Turun di sini.
aussteigen in hier
Ich steige hier aus.

Selbst Expressbusse lassen Sie irgendwo auf freier Strecke raus, wenn Sie es wünschen.

mit dem Taxi

In Malaysia gibt es die angenehme Sitte der Sammeltaxis. Sie sind um die Hälfte teurer als die Busse, fahren jedoch jederzeit ab, wenn vier Fahrgäste beisammen sind (hinten drei, vorne einer). Der Preis ist festgelegt. Sammel-Taxis bringen Sie gegebenenfalls bis vor die Haus- bzw. Hoteltür, was die Mehrkosten vielleicht schon ausgleicht, außerdem sind sie meist schneller als Busse.

In Kuala Lumpur benutzen Taxifahrer heute fast alle Taxameter – außer am Bahnhof, wenn sich ihnen unerfahrene orang putih *(Weiße)* nähern. Wenn die Fahrer den Preis aushandeln wollen, steigen Sie lieber aus; Sie werden nur beschummelt. Zur Stoßzeit machen Taxifahrer in KL übrigens gern Pause!

Taxameter sind heute auch in anderen Großstädten Malaysias vorgeschrieben, aber die Taxifahrer benutzen sie nicht, sondern nennen einen Fahrpreis, der teilweise die eventuell leere Rückfahrt einbezieht. Fragen Sie, wenn möglich, Einheimische nach dem üblichen Preis.

KL= Kuala Lumpur

teksi	Taxi
Berapa harga ke ... ?	Was kostet es nach ... ?
Mahal, ... ringgit cukup.	Das ist teuer, ... Ringgit sind genug!
Ta' boleh!	Kann ich nicht! *(dann weitersuchen!)*
O.k., o.k.!	Akzeptiert!
ke kiri – ke kanan	nach links – nach rechts
terus – belok	geradeaus – abbiegen
Berhenti di sini / sana.	Halten Sie hier / dort!

mit dem Zug

Die gute Eisenbahn Keretapi Tanah Melayu (KTM) erinnert trotz Modernisierung in der Provinz bisweilen noch an die Kolonialzeit. Dennoch ist die Fahrt mit dem Express von Butterworth nach Kuala Lumpur recht schnell und sehr bequem. Auch in der 3. Klasse sitzt man weich. Ab der 2. Klasse müssen die Plätze in der Regel für den Express reserviert werden. Die Schienenbusse (rel bas) haben nur 3. Klasse – und Frischluft aus offenen Fenstern. Der neue Hauptbahnhof von Kuala Lumpur erinnert im Gegensatz dazu an ein Flughafenterminal, im Klang Valley gibt es S-Bahnen, zum Flughafen Sepang fährt ein Express.

keretapi	Eisenbahn
tren	Zug
stesen keretapi	Bahnhof
ketua stesen	Bahnhofsvorsteher
bertolak – tiba	Abfahrt – Ankunft
kelas satu / dua / tiga	1. / 2. / 3. Klasse

hawa dingin	mit Air-Condition
jadual waktu	Fahrplan
pertanyaan	Auskunft
penumpang	Fahrgast, Passagier
perkhidmatan	Service
sah	gültig
tempahan dahuluan	Reservierung
perjalanan	Fahrt, Reise
hilang	verlieren *(z. B.* tiket*)*
potongan	Discount
sekeluarga	eine Familie
(minimum empat	(mindestens vier
orang ahli)	Personen)
penuntut	Studenten
tiket platform	Bahnsteigkarte
barang penumpang	Gepäck
koc restorant	Speisewagen
tempat tidur	Liegeplatz
koc tempat tidur	Liege-, Schlafwagen
bawah – atas	unten – oben
tambang penumpang	Fahrpreis
Ekspres Antarabangsa	Internationaler Express
bayaran – paspo(r)t	Gebühr – Reisepass
kastam – imigresen	Zoll – Einreise
utara – selatan	Norden – Süden
barat – timur	Westen – Osten

verkehrt zweischen Butterworth und Bangkok

urusan perjalanan antarabangsa
Vorschriften für internationale Reisen

Tiada perkhidmatan pada Hari Ahad.
nicht-haben Dienst am Sonntag
Kein Zugbetrieb am Sonntag.

Der Satz kann sich auch auf einen einzelnen Zug beziehen.

mit dem eigenen Fahrzeug

Auf Langkawi gibt es neben Autos sowohl Motorräder als auch Fahrräder zu leihen. Die Bedingungen sind einfach: Man hinterlegt den Pass, bekommt einen Helm (Helmpflicht bei Motorrädern, Anschnallpflicht in Autos; sonst Strafe: RM 50) und fährt los. Tanken muss man selbst. Aber bitte vorsichtig fahren!

Nun, kaum jemand wird für die Reise das eigene Fahrzeug von zu Hause mitbringen. Es gibt aber internationale und nationale Mietwagenfirmen, die Fahrzeuge zu den üblichen Bedingungen ausleihen. Wenn man zu mehreren reist, kann das durchaus sinnvoll sein.

motokar, kereta	Auto, Wagen
motosikal	Motorrad
sewa (menyewa)	leihen, verleihen
bengkel	Werkstatt
rusak	kaputt, beschädigt
lesen memandu	Führerschein
polis – mata-mata	Polizei – Polizist
tercedera – terkorban	Verletzter – Opfer
minyak bensin	Benzin
stesyen minyak	Tankstelle
motor – pekam	Motor – Bremse
lori	LKW
basikal	Fahrrad
pinjam (meminjam)	borgen
membaiki kereta	das Auto reparieren
insurans	Versicherung
balai polis	Polizeiwache
kemalangan	Unfall
tercedera parah	Schwerverletzter
mati	tot
minyak	Öl
alat ganti	Ersatzteil
tayar	Reifen

Di mana boleh saya menyewa motosikal?
in wo können ich leihen Motorrad
Wo kann ich ein Motorrad leihen?

Für die einzelnen Fahrzeugteile reichen die englischen Begriffe, die werden im Allgemeinen verstanden bzw. verwendet.

Berapakah bayarnya untuk sehari?
wie-viel-? zahlen-sein für einen-Tag
Was kostet es für einen Tag?

Di mana ada stesen minyak / bengkel kereta?
in wo haben Station Öl / Werkstatt Wagen
Wo gibt es eine Tankstelle / Werkstatt?

Rechnen Sie auch damit, dass Ihnen links am Straßenrand Fahrräder ohne Licht (dies ist die Regel), und gelegentlich auch unbeleuchtete Motorräder entgegenkommen. Die Fahrzeuglampen werden in Malaysia erst sehr spät eingeschaltet.

Motosikal saya (sudah) rusak.
Motorrad ich (schon) kaputt
Mein Motorrad ist (schon) kaputt.

AWAS	Achtung, Vorsicht
KURANGKAN LAJU	Langsamer
JALAN MATI	Sackgasse
KAWASAN KEMALANGAN	Unfallschwerpunkt
KANAK MELINTAS	Kinder kreuzen
LINTASAN KERETAPI	Eisenbahnkreuzung
IKUT KIRI	Links halten
JALAN SEHALA	Einbahnstraße
BERHENTI	Stop
KAWASAN BANJIR	Überschwemmung *(nach Starkregen)*
DILARANG MEMOTONG	Überholen verboten

Malaysier fahren recht undiszipliniert, überholen oft an unübersichtlichen Stellen und zwingen entgegenkommende Fahrzeuge dadurch zum Abbremsen oder Ausweichen. Es wird auch schon mal links überholt.

In Malaysia herrscht Linksverkehr. In der Unfallstatistik liegt Malaysia sehr hoch oben. Alkoholkontrollen gibt es selten.

zu Fuß

In Sarawak sind lange Fußmärsche von den Punkten, wo es mit dem Boot nicht mehr weitergeht, oder von den kleinen, verstreut gelegenen Landepisten für die MAS-Twinotter noch die Regel. Wo immer man vorbeikommt, wird man gefragt: Dari mana, mau ke mana? *(woher, wohin des Wegs?)*. Das dient der Sicherheit und der Neugier gleichermaßen. Zu Fuß können wir natürlich auch sonst in Malaysia gehen:

Adakah jalan ini jalan ke ... ?
ist-? Weg dieser Weg nach ...
Ist dies der Weg nach ... ?

Berapa jauh agaknya Pa'tik dari sini?
wie-viel weit ungefähr Pa'tik von hier
Wie weit ist es etwa von hier nach Pa'tik?

Kalau kuat jalan, empat jam.
falls stark gehen vier Stunden
Wenn du schnell gehst, vier Stunden.

Lebih kurang sebatang rokok.
mehr weniger eine-Stange Zigarette
Etwa eine Zigarettenlänge weit!

Aber Vorsicht: Sie denken vielleicht, eine Zigarettenlänge seien fünf bis zehn Minuten. Bei den Orang Asli *kann das aber ein ganzer Tag sein, denn viele haben die Gewohnheit, die Zigarette nach ein paar Zügen wieder auszumachen, und da hält die Zigarette eben einen ganzen Tag!*

Lebih kurang setanak nasi.
mehr weniger einmal-kochen Reis
Solange, bis der Reis gekocht ist.

Also etwa eine halbe Stunde. Malaien machen tatsächlich solch „konkrete" Zeitangaben!

Adakah jalan untuk saya mendaki gunung itu?
geben-? Weg für ich besteigen Berg jenen
Gibt es einen Weg, über den ich den Berg dort besteigen kann?

Bolehkah saudara / Encik / Puan tolong saya?
können-? Bruder / Herr / Frau helfen ich
Können Sie mir helfen?

Bagaimanakah saya boleh ke sana?
wie-? ich können nach dort
Wie kann ich dort hinkommen?

Berapa jauh / lama?
Wie weit ist es / lange dauert es?

Bolehkah kami bermalam di sini?
können-? wir übernachten in hier
Können wir hier übernachten?

Wollen Sie in einem Kampung übernachten, fragen Sie nach dem Dorfchef (pengulu kampung) *bzw. in einem Sarawak-Langhaus* (rumah panjang) *nach dem* ketua rumah.

Vielleicht werden Sie auch eingeladen:

Jemputlah datang ke rumah.
einladen-doch kommen nach Haus
Ihr seid eingeladen, in mein Haus zu kommen.

Singgahlah ke rumah saya.
besuchen-doch zu Haus ich
Kommt doch zu Besuch in mein Haus. / Besucht doch mein Haus.

Sudikah bermalam di rumah saya?
zufrieden-? übernachten in Haus ich
Mögt ihr in meinem Haus übernachten?

*Kleine Souvenirs (*cenderamata *oder* buah tangan *„Handfrucht“) sind natürlich immer gern gesehen. In abgelegenen Orten sind auch Dinge des täglichen Lebens sinnvoll.*

Unterwegs

kawasan	Gegend	**indah**	schön
bukit	Hügel	**gunung**	Berg
hutan	Wald	**rimba**	Dschungel
hujan	Regen	**sungai**	Fluss
air terjun	Wasserfall	**mata air**	Quelle
puncak	Gipfel	**kemuncak**	Gipfel
tasik	See	**laut**	Meer
pantai	Küste, Strand	**pulau**	Insel
cuaca	Wetter	**goa**	Höhle
cerah	klar	**mendung**	bewölkt
matahari	Sonne	**bulan**	Mond
bintang	Sterne	**kilat – taufan**	Blitz – Taifun

hutan simpan	Waldschutzgebiet
hutan bakau	Mangrovenwald
ke atas	nach oben, zum Gipfel
turun	absteigen
berenang – kolam (be)renang	schwimmen – Schwimmbad
langit, angkasa – hujan lebat	Himmel – Wolkenbruch
awan, pokok hujan *(Regenbaum)*	Wolke
banjir	Flut, Überschwemmung
membanjiri	überfluten, überschwemmen

pohon	Baum	**bunga**	Blume, Blüte
serangga	Insekten	**gajah**	Elefant
harimau	Tiger	**kera, monyet**	Affe
buaya	Krokodil	**burung**	Vogel
rusa	Rehwild	**ular (bisa)**	(Gift-)Schlange
kupu-kupu, rama-rama	Schmetterling		

in der Stadt

jabatan imigresen	Immigrationsbehörde
kedutaan – farmasi	Botschaft – Apotheke
rumah ubat	Geschäft für traditionelle Medizin
panggung wayang	Kino
filem, tayangan gambar	Film
kampung, desa – daerah	Kampung, Dorf – Bezirk
negeri – negara	(Bundes-)Staat – Nation
bandar, kota – pusat bandar	Stadt – Stadtzentrum
bandaraya	Großstadt
muzium – pejabat pos	Museum – Postamt
masjid	Moschee
zoo, taman binatang	Zoo (binatang = *Tier*)
pasar (malam)	(Nacht-)Markt
kedai	Laden
jambatan	Brücke
kuil – tokong	Hindu-Tempel – buddhistischer Tempel
gereja	Kirche
universiti	Universität
dilarang masuk	Zutritt verboten
Jagalah kebersihan!	Achtet auf Sauberkeit!

Straßenbezeichnungen

Im Deutschen haben wir Bezeichnungen wie *-straße, -gasse, -allee.* Im Malaiischen gibt es aber über dreißig verschiedene Variationen. Sie müssen beim Aufsuchen einer Adresse genau darauf achten: z. B. sind Jalan Penang und Lebuh Penang zwei völlig verschiedene Straßen. Hier die häufigeren Bezeichnungen:

Bulatan	Kreis(el)
Cangkat	niedriger Hügel
Hala	Weg
Halaman	Hof
Jalan, Lebuh	Straße
Lebuhraya	Autobahn
Lengkok	gewundene, bergauf führende Straße
Lorong	Gasse
Medan	Platz
Pengkalan	Kai
Persiaran – Regat	Durchfahrt – Gang
Simpangan	Kreuzung
Taman	Park, Garten
Tanjung	Kap
Tangkat	Terrasse

Übernachten

Manche solcher Billighotels (rumah tumpangan) *haben tagsüber in der unteren Etage Prostitutionsbetrieb.*

In den chinesisch geprägten Städten gibt es im Zentrum stets eine Reihe billiger chinesischer Hotels, die zwar spartanisch eingerichtet, aber oft sauber genug sind. Nicht selten reichen die Wände nicht bis zur Decke. Dann bestreichen die Deckenventilatoren mehr als ein Zimmer. Wegen ihrer zentralen Lage sind sie meist laut, es sei denn, die Zimmer liegen nach hinten.

Landschaftlich in schöner Lage, also abseits des Stadtzentrums, liegen die aus der Kolonialzeit stammenden Government Resthouses (rumah rehat kerajaan), die Touristen außerhalb der Ferienzeiten zur Verfügung stehen. Sie sind nicht luxuriös eingerichtet, haben aber meist große Zimmer und immer noch eine koloniale Atmosphäre.

An Urlaubsorten am Meer gibt es zunehmend Bungalow-Anlagen, oft recht einfach, aber für Traveller zumeist akzeptabel, sowie Luxus-Resorts.

Adakah bilik kosong?
haben-? Zimmer leer
Haben Sie ein freies Zimmer?

Untuk berapa orang?
für wie-viel Mensch
Für wie viel Personen?

Untuk tiga orang / Untuk saya sendiri saja.
für drei Mensch / für ich selbst nur
Für drei Personen. / Für mich allein.

Mit einem Smartphone können Sie sich die mit einem gekennzeichneten Sätze dieses Kapitels anhören. Scannen Sie einfach den QR-Code mit Hilfe einer kostenlosen App (z. B. „Barcoo" oder „Scanlife").

Saya ingin melihat biliknya dulu.
ich wünschen sehen Zimmer-sein vorher
Ich möchte das Zimmer vorher sehen.

Silakan ikut saya.
bitte folgen ich
Bitte folgen Sie mir.

Tolong bersihkan bilik saya.
bitte säubern Zimmer ich
Bitte machen Sie mein Zimmer sauber.

Berapa harga untuk bilik ini?
wie-viel Preis für Zimmer dieses
Wie teuer ist dieses Zimmer?

Saya mau tinggal dua malam.
ich will bleiben zwei Nacht
Ich möchte zwei Nächte bleiben.

Saya mau bertolak esok.
ich wollen abreisen morgen
Ich will morgen abreisen.

Bolehkah saya menyimpan pasport saya di sini / dengan saudari?
können-? ich aufbewahren Pass ich in hier / mit Schwester
Kann ich hier / bei Ihnen meinen Pass aufbewahren?

Di dalam bilik ada nyamuk; adakah kelambu?
in innen Zimmer haben Moskito haben-? Moskitonetz
Im Zimmer gibt es Moskitos. Haben Sie ein Moskitonetz?

Beliebter sind heute die elektrischen Verdampfer oder die Spiralen (mosquito coils).

Tolong semburkan bilik saya.
bitte sprühen Zimmer ich
Bitte sprühen Sie mein Zimmer.

Diese Art von Dusche ist praktisch und erfrischend. Einheimische benutzen ihr mandi *mehrmals täglich.*

Ein traditionelles Bad (tempat mandi) besteht aus einem meist gekachelten Becken, das mit Wasser gefüllt ist. Mit einem (Plastik-)Schöpfer schöpft man Wasser und übergießt sich damit. Die Seife darf nie ins Becken gelangen.

Alles spielt sich außerhalb des Beckens ab (nicht hineinhocken).

hotel	Hotel	
rumah tumpangan	Billighotel	
rumah rehat (kerajaan)	(staatliches) Gästehaus	
guest-house	einfaches Hostel	*in Städten, oft in Appartements, auch in Singapur*
bilik	Zimmer	
kosong	leer	
penuh	voll	
tempat tidur	Bett	
tilam	Matratze	
bantal	Kissen	
cadar	Laken	
selimut	Decke	
nyamuk	Moskito	
kelambu	Moskitonetz	
ubat nyamuk	Moskito-Spirale *(coil)*	
sembur (menyembur)	sprühen	
simpan (menyimpan)	aufbewahren	
membersihkan	saubermachen	
tandas	Toilette	
tempat mandi	Bad	
buang air besar, (berak)	„großes Geschäft" (kacken)	
buang air kecil, (kencing)	„kleines Geschäft", (pinkeln)	
wanita, perempuan	Frau	
laki-laki	Mann	*wörtlich:*
ibu kunci	Schloss	*Schlüssel Mutter*
(anak) kunci	Schlüssel	*Schlüssel Kind*

Essen & Trinken

In vielen Städten hat man – aus Gründen der Hygiene – die Nachtmärkte großenteils in feste Einrichtungen verlegt, damit alle Essstände Anschluss an fließend Wasser haben. Aber anderswo werden Sie die Hawker immer noch das Plastikgechirr in kleinen Plastikschüsseln am Boden abwaschen sehen.

Das ist eines der großen Vergnügen in Malaysia, denn man kann dort ständig zwischen malaiischer, chinesischer und indischer Küche wählen. Abends öffnen die teilweise großen Nachtmärkte (pasar malam) mit einer Vielzahl von Essständen. Auf Englisch heißt dieses Essen „hawker food", die Essstände „food stalls" (gerai makanan).

In den Esslokalen (kedai makanan, kedai kopi) sind oft mehrere unabhängige Essstände untergebracht. Im kedai kopi *(= coffee shop)* etwa liefert der Betreiber des Lokals die Getränke (minuman), und die in Untermiete eingerichteten Essstände das Essen (makanan). Ob pasar malam oder kedai kopi: Sie gehen von Stand zu Stand, suchen sich das Essen aus und setzen sich dann in die Nähe des Standes, von wo das Essen kommt. Meist zahlt man bei „Lieferung". Die Hawker holen sich ihr Geschirr selbst wieder. Es gibt natürlich auch rein malaiische, indische und chinesische Lokale. In diesen zahlt man nach dem Essen, und zwar in den malaiischen und indischen meist am Ausgang und in den chinesischen am Tisch.

Übrigens, das Äußere der Lokale, gerade der chinesischen, sagt nichts über die Qualität aus. Hintereiner einfachen, fastprimitiven Fassade kann sich bessere Kochkunst verstecken als in einem guten Luxushotel.

In den malaiischen und indischen Restaurants ist das Essensangebot sichtbar, Sie brauchen nur auf das zu zeigen, was Ihnen zusagt.

Malaiische Gerichte bestehen aus Reis (nasi) und Beilagen, z. B. gebratenem Fisch (ikan goreng), oft in würziger Sauce; oder Krabben (udang), Tintenfisch (sotong), Rindfleisch (daging lembu, köstlich das rendang), stets Huhn (ayam), oft Ziege (kambing), dazu verschiedene Arten von Gemüse (sayur-sayuran), Salat (rojak) und an Essständen natürlich satai, die berühmten Fleischspießchen vom Holzkohlegrill in Erdnusssoße. Einfache malaiische Gerichte sind nasi campur *(gemischter Reis mit etwa drei Beilagen)*, mee goreng *(gebratene Nudeln)* und nasi goreng *(gebratener Reis)*.

Die indischen Restaurants bieten meist tamilische, also südindische Küche: entweder Reis und Gemüse auf Bananenblatt (vom Bananenblatt wird mit der rechten Hand gegessen), oder auch fish-head curry, oder Fladen aus einer Art Blätterteig (roti canai), die mit Curry-Soße und / oder Fleisch (je nach Wunsch Huhn, Ziege, Fisch, in islamisch-indischen Lokalen auch Rind) serviert werden. An indischen Essständen gibt es Mehlfladen (chapatti) mit Curries und Gemüsen oder die mit Ziegen-Hackfleisch, Ei und Zwiebeln gefüllten murtabak.

Die Chinesen bieten eine Riesenauswahl, nur muss man meist wissen, was man will; lassen Sie sich beraten. Am besten und billigsten isst man zu vielen um einen runden Tisch. In billigen Lokalen kann man da mehr als ein halbes Dutzend Gerichte für weniger als fünf Ringgit bekommen. Essen Sie nur zu zweit, bestellen Sie sich sing jay fan („economy rice"), das kann sehr billig sein.

Die Leute wissen Bescheid: Wo es voll ist, gibt es gutes Essen. Das gilt immer, nur nicht an den „Raststätten", wo die Reisebusse halten.

Die schmackhafte nordindische Küche mit den im tandoor *gegarten Hühnerteilen, Hackfleischspießchen und dem unnachahmlichen, manchmal mit Knoblauch gefüllten Fladenbrot* (naan) *ist in größeren Städten ebenfalls vertreten.*

Mit einem Smartphone können Sie sich die mit einem 🔊 *gekennzeichneten Sätze dieses Kapitels anhören.*

Dabei zeigt man auf das gewünschte Gericht. Wollen Sie noch mehr, sagen Sie satu lagi *(eins mehr).* Daftar makanan *(Speisekarten) gibt es nur in Restaurants in gedruckter Form. In einfachen Lokalen verkündet eine Tafel an der Wand, was es gibt.*

Apa makan / minum?
was essen / trinken
Was wollen Sie essen / trinken?

Ini apa?
dies was
Was ist das für ein Gericht?

Saya mau nasi dan ikan ini, sotong itu dan sayur itu.
ich will Reis und Fisch diesen Tintenfisch jenen und Gemüse jenes
Ich möchte Reis mit diesem Fisch, dem Tintenfisch und dem Gemüse.

makan, makanan	Essen, Gericht, Mahlzeit
makan pagi / siang / malam	Frühstück / Mittag- / Abendessen
minum – minuman	trinken – Getränke
panas – dingin	heiß – kalt
pedas	scharf gewürzt
manis – masam	süß – sauer
pahit – asin	bitter – salzig
sedap	lecker, köstlich
rumah makan	Restaurant
kedai makan / kopi	Esslokal / Coffee Shop
pasar malam	Nachtmarkt
gerai makan	Essstand
pelayan	Bedienung
bayar (membayar)	bezahlen
piring – pinggan	kleiner Teller – (Porzellan-)Teller
gelas	Glas

cawan	Becher, Tasse
pisau	Messer
garpu – senduk	Gabel – Löffel
mengakali	kochen *(Gericht)*
merebus	kochen *(Flüssigkeit)*
masak	gekocht, zubereitet, reif
masakan	Gericht
jurumasak	Koch, Köchin
goreng	braten, gebraten
sedia	fertig, zubereitet

parang = *Haumesser, Machete*

Fleisch

daging	Fleisch
babi (hutan)	(Wild-)Schwein
lembu – kerbau	Rind – Wasserbüffel
kambing	Ziege, Hammel
ayam – itik	Huhn, Hähnchen – Ente
merpati	Taube
hati – usus	Leber – Eingeweide

Seafood

ikan	Fisch
ikan air tawar	Süßwasserfisch
ikan sungai	Flussfisch
ikan laut	Meeresfisch
ikan kering	Trockenfisch
udang	Krabben
udang karang	Hummer
kepiting	Krebs
kepah, kerang	Muscheln
sotong – tiram	Tintenfisch – Auster

karang = *Koralle*

Gemüse

sayur-sayuran	Gemüse
ubi kentang	Kartoffel
sayur kubis	Kohl
lobak merah	Karotten
sayur hijau	verschiedenes Grünzeug
bayam – timun	Spinat – Gurke, Kürbis usw.
bawang	Zwiebel
bawang putih	Knoblauch *(Zwiebel weiß)*
kacang – petai	Bohnen – Dschungelbohnen
nangka – halia	Jackfruit – Ingwer
ubi	Taro *(Knolle)*
ubi kayu	Cassava, Tapioka
sagu	Sago *(Mark der Sagopalme, Grundnahrungsmittel der Penan in Sarawak)*
kedai makanan sayur-sayuran	vegetarisches Lokal

stinkend, bitter, aber sehr beliebt

ubi kayu: *stärkehaltig, nährstoffarm, Grundnahrungsmittel vieler* Orang Asli *in West-Malaysia*

Grundnahrungsmittel

nasi	gekochter Reis *(auf dem Feld heißt der Reis* padi, *ungekocht* beras)
mi, me, mee	gelbe, lange Weizennudeln, ähnlich Spaghetti
kueyteow	breite weiße Reisnudeln
bihun, beehoon, mihun	dünne Reisnudeln
roti – tepung	Brot, Kuchen – Mehl

Gewürze

rempah-rempah	Gewürze
lada – cili	Pfeffer – roter Chili
cabai	lange indische Pfefferschoten
sambal	zerstampfte Mischung aus Schalotten, Ingwer, Knoblauch, Chilis, die gebraten wird
garam	Salz
belacan – kecap	Würzpaste – Sojasoße
ikan bilis	winzige getrocknete Sardellen
gula	Zucker
gula melaka	brauner Kokosnusszucker
kuah – santan	Soße – Kokosmilch

Ikan bilis *werden als salzig schmeckendes Gewürz zusammen mit Erdnüssen* (kacang tanah) *gegessen, z. B. beim beliebten Frühstücksgericht* nasi lemak.

Sonstiges

telur (goreng / rebus)	(gebratenes / gekochtes) Ei
telur setengah masak	weich gekochtes Ei
telur dadar	Omelett
kuih	Süßspeise *(vielfach mit Kokosmilch zubereitet)*, Kuchen usw.
ABC = air batu campur	*so heißt es korrekt,*
ais kacang	*so wird es von vielen nicht ganz korrekt genannt*
gula-gula	Bonbons

ABC *ist Raspeleis mit Bohnen, Maiskörnern, Agar-Agar, manchmal Obststücken, Eiscreme, Kokosmilch, Kondensmilch – köstlich und billig.*

Obst

Ein schönes Schauspiel ist es, wie die Leute sie vor dem Stand am Boden hockend beschnuppern und beklopfen.

Die beliebtesten Früchte der Malaysier sind die importierten Orangen und Äpfel, obwohl sie teurer sind als bei uns in der Saison. Trotzdem kann es keine Frucht mit der oft leidenschaftlich geliebten Durian aufnehmen, einer stinkenden, im Inneren cremigen Dornenfrucht *(***duri** *= Dorn)*, die weder in Hotels noch in Flugzeugen mitgenommen werden darf.

mangis	Mangostane – *purpurfarbene Frucht (Vorsicht: Flecken der Schale gehen nie wieder raus), mit weißem, erfrischend süßsaurem Fruchtfleisch*
mangga	Mango – *gibt es in vielen Formen und Größen, rund und länglich, mit weißem oder gelbem bis rötlichem Fruchtfleisch*
pisang	Banane – *es gibt rund 40 Arten, teils zum So-Essen, etwa* pisang mas, pisang rastali, pisang raja, *teils zum Kochen* (pisang abu, pisang awak, pisang tanduk)
nangka, cempedak	Jackfruit – *bis 50 cm groß, wird roh oder gebraten gegessen*
limau bali	Pomelo – *berühmt sind die aus Tambun bei Ipoh; eineArt Pampelmuse, aber nicht so sauer und bitter*
rambutan	Rambutan – *haarige rote oder gelbgrüne Frucht (*rambut *= Haar) mit weißem, süßem Fruchtfleisch und einem glatten Kern, ähnlich der Litschi*
nanas, nenas	Ananas
papaya	Papaya – *reich an Vitamin A und C, schmeckt am besten mit ein paar Tropfen Limettensaft* (limau)
semangka	Wassermelone – *ihre Kerne* (kuaci) *werden geröstet und geknabbert*
langsat, duku	Lansi – *bräunlich, mit weißem Fruchtfleisch, süßsauer*

jambu batu	Guava – *schmecken apfelähnlich, reich an Vitaminen*
jambu air mangar	Rosenapfel – *sehen aus wie Paprika, sind wässrig und süß*
ciku	Sapodilla – *gelbliche bis rosa-braune Frucht mit weichem Fruchtfleisch, beliebt als Nachtisch*

Die übliche Obstplatte nach dem Essen besteht jedoch nur aus Wassermelone, Papaya und Ananas, je nach Saison vielleicht noch Mango, mit Eisstücken zur Kühlung belegt.

air buah	(Frucht-)Saft
air	Wasser
ais	Wasser mit Eiswürfeln
air limau	Limettensaft *(mit Zuckercouleur gesüßt, die kommt in alle Säfte)*
air kelapa muda	durststillendes Wasser der jungen Kokosnuss
air tebu	Zuckerrohrsaft

Dies ist in diesem Zusammenhang kein korrektes Malaiisch, aber praktisch: Bestellen Sie nämlich air, *gibt es keine Eiswürfel, bei* ais *werden sie mitgeliefert (sie sind unbedenklich genießbar;* air beku = *Wassereis).*

An air oder ais hängt man also lediglich den Namen der Frucht, die man als Saft haben will. Beliebt sind außer Limettensaft Apfel-, Starfruit-, Guava-, Karotten-, Orangensaft.

Getränke

air minum	Trinkwasser
teh – kopi	Tee – Kaffee
teh / kopi oh	– süß ohne Milch (oh = *ohne)*
teh / kopi ais	– mit Milch und Eis

Sagt man nur teh *bzw.* kopi, *bekommt man Tee bzw. Kaffee mit süßer Kondensmilch.*

teh / kopi oh ais	Tee / Kaffee ohne Milch mit Eis
kopi kosong	schwarzer Kaffee ohne Zucker
teh tawar	Tee ohne alles
bir	Bier – *wird auch mit Eis serviert*
tuak	Palmwein, Toddy – *wird meist aus den weiblichen Blüten der Kokospalme gewonnen, nach der Fermentierung hat er einen geringen Alkoholgehalt*
teh Cina	ungesüßter chinesischer Tee, mit oder ohne Eis, passt gut zum chinesischen Essen, neutralisiert

Naseputzen und lautes Räuspern bei Tisch gelten als unhöflich, gegebenefalls sollten Sie dazuauf die Toilette gehen. Zahnstocher sollten Sie nur mit vorgehaltener Hand benutzen, zum Gähnen, Husten usw. ebenfalls die Hand vorhalten!

Tischsitten

Finden Sie in einem Lokal keinen freien Tisch, setzen Sie sich einfach an einen besetzten Tisch mit genügend freien Plätzen. Man wird sich auch zu Ihnen setzen.

Mischen Sie beim Essen auf dem Nachtmarkt nicht Geschirr von moslemischem und chinesischem Essen! Moslems ekeln sich vor allem, was mit Schweinefleisch in Berührung gekommen ist.

Bei Bananenblatt-Gerichten zeigt man durch Falten des Blattes, dass man zu Ende gegessen hat. Andernfalls kommt laufend jemand zum Nachservieren.

Wird man eingeladen, lässt man den Gastgeber das Essen zusammenstellen.

Bei Malaien zu Hause wird vor dem Essen nichts getrunken. Die Hausfrau isst oft erst anschließend.

Bei Indern unterhält man sich erst und trinkt etwas, bevor das Essen serviert wird. Auch bei Indern essen die Hausfrauen meist hinterher. Vorher und nachher die Hände waschen! Sichn nach dem Essen zu bedanken, gilt als „Bezahlung“: Sagen Sie also nur, wie gut es geschmeckt hat!

Wenn alle mit den Händen essen, versuchen Sie es auch. Die Schöpfkellen und Löffel zum Servieren dürfen den eigenen Teller nicht berühren, sonst sind sie unrein.

Chinesen gehen gern zum Essen aus; kein Wunder angesichts der Mühe für mehr als ein halbes Dutzend Gänge. Sind Sie eingeladen, lassen Sie sich den Platz zuweisen. Meist wird Tee (ungesüßt) getrunken. Bier ist zumindest unter Männern beliebt. Stäbchen nie ins Essen stecken, denn das sieht aus wie die Räucherstäbchen vor dem Altar, sondern z. B. auf die Reisschale legen. Nicht den letzten Bissen vom Teller in der Mitte nehmen.

Ansonsten machen Sie es wie die anderen!

Zentralmarkt in Kota Bharu, Kelantan

Einkaufen

Mit einem Smartphone können Sie sich die mit einem 👂 gekennzeichneten Sätze dieses Kapitels anhören.

Grundsätzlich kann man überall dort handeln, wo es keine Festpreise gibt, vor allem auf Märkten, es sei denn, der Preis (z. B. für eine bestimmte Menge Obst) ist angegeben. Auch in den zahlreicher werdenden Einkaufszentren in KL oder Penang kann gehandelt werden.

In Malaysia wird in der Regel nicht lautstark gefeilscht. Handeln ist ein Spiel, kein Kampf; beide Seiten sollten Grund zum Lachen haben. Es darf ruhig temperamentvoll gespielt werden, nur nicht verkrampft.

👂 **Boleh tunjunkkan saya yang lain?**
können zeigen ich welches anderes
Können Sie mir etwas anderes zeigen?

(Tidak) suka
(nicht) mögen
Es gefällt mir (nicht).

👂 **Tolonglah bagi murah sikit.**
bitte-doch geben billig etwas
Mach es doch bitte etwas billiger!

👂 **Saya mau beli ...**
Ich will ... kaufen.

👂 **Saya ingin beli ...**
Ich möchte ... kaufen.

Bolehkah saya membeli ... ?
Kann ich ... kaufen?

Siapa menjual ... ?
Wer verkauft ...?

Di mana boleh saya membeli ... ?
Wo kann ich ... kaufen?

harga paling murah / harga mati
Preis am meisten billig / Preis tot
Tiefstpreis / letzter Preis

Saya mau tengok dan lihat macam mana ianya dibuat.
ich wollen anschauen und sehen Art wo es gemacht
Ich möchte zuschauen, wie es hergestellt wird.

beli (membeli)	kaufen
jual (menjual)	verkaufen
penjual	Verkäufer(in)
pasar	Markt
kedai	Geschäft, Laden
gerai	Marktstand
barang-barang	Waren
harga (asal / tetap)	(regulärer / fester) Preis
mahal – murah	teuer – billig
membuat (dibuat)	herstellen (hergestellt)
macam	Art, Sorte, Qualität
potongan, diskaun	Discount, Rabatt
mengurangkan	verringern

Waren

kain	Stoff
pakaian	Kleidung
kain batik	Batikmaterial
kemeja / sal batik	Batikhemd / Batikschal
sutera	Seide *(oft importiert)*
membatik	Batik herstellen
kain songket	gewebter Brokatstoff
songkok	Kopfbedeckung der malaiischen Männer *(indischen Ursprungs, nicht mit dem weißen Haji-Käppi identisch)*
(kain) sarung	Sarong(stoff), *auch:* Rock
baju (Melayu)	Staatstracht der malaiischen Männer *(schwarzes Hemd, schwarze Hose, Ziersarong aus Brokat um die Taille geschlungen)*
baju (kurung / kebaya)	Kleidung der Malaiinnen *(lange Bluse über dem Sarong)*
cincin (tanda)	(Verlobungs-)Ring
anting-anting	Ohrring
rantai	Kette
leher	Halskette
tangan	Armband
kalung	Halskette *(aus Gold)*
keris	Kris *(malaiischer Dolch)*
parang	Haumesser für den Dschungel, Machete
gasing – wau	Kreisel – Drachen *(Wettkampfspielgeräte in Kelantan)*

malaysische Spezialität

Über dem Haji-Käppi muss übrigens kein Motorradhelm getragen werden.

Diese Kreisel sind allerdings kiloschwer

ukiran kayu	Holzschnitzerei *(z. B. der* Orang Asli *und der* Iban*)*
patung – topeng	Figur – Maske
sumpitan	Blasrohr
beg	Tasche, Beutel
alas meja	Tischdecke
wayang kulit	Schattenspiel(figur)
lukisan	Gemälde, Zeichnung
bambu, buluh	Bambus
pandan	Pandanblätter *(die gefärbten, getrockneten Blätter werden zur Herstellung von Matten und Körben benutzt)*
bakul – rantang	geflochtener Beutel – Korb
timah	Zinn
cap perusahan	(Handels-)Marke
perdagangan	Handel
dagangan	(Handels-)Artikel
menimpo(r)t	importieren
menekspo(r)t	exportieren
barang impo(r)t / ekspo(r)t	Import- / Exportware
diimpo(r)t oleh ...	importiert durch
penghantaran	Lieferung
mengirim	schicken
menghantar	liefern
jumlah	Summe
contoh	Muster
pesan (memesan)	bestellen; Bestellung
kiriman	Sendung, Fracht
membalutkan	verpacken *(in Papier)*
bungkusan	Paket, Päckchen
bungkus	Beutel

Zinngegenstände heißen jedoch pewter.

Ämter & Behörden

Andererseits wird im schriftlichen Behördenverkehr heute nur noch Bahasa Malaysia *verwendet. In einem solchen Fall werden Sie Einheimische bitten müssen, Ihnen beim Abfassen und Lesen solcher Schreiben zu helfen.*

Als Reisende haben Sie es selten mit Behörden zu tun, vielleicht am ehesten noch mit der Polizei, z. B. wenn Ihnen etwas gestohlen wurde, oder mit irgendeinem Immigrations- oder Distriktbüro, z. B. in Sarawak, wenn Sie eine Genehmigung zum Besuch bestimmter Orte brauchen. Ich habe dort nie eine andere Sprache als Englisch benutzt. Im Einzelfall können natürlich ein paar Brocken Malaiisch als Einstieg nützlich sein und Ihr Bemühen anzeigen. Wenn Sie gut Englisch sprechen, haben Sie den Vorteil, dass Sie den meisten Beamten sprachlich überlegen sind.

jabatan	Regierungsbehörde
pejabat	Amt, Büro
pegawai	Beamter
Jabatan Orang Asli	Orang-Asli-Behörde
Bandan Pencegah Rasuah	Anti-Korruptions-Einheit
askar	Soldat
tentera	Militär
Jabatan Pendaftaran Negara	Einwohnermeldeamt, Standesamt *(Geburt, Heirat, Tod, usw.)*
Mahkamah	Gericht(shof)
Jabatan Alam Sekitar	Umweltbehörde
bomba	Feuerwehr
Jabatan Perikanan	Fischereibehörde
Jabatan Perhutanan	Forstbehörde
Lembaga Lebuhraya Malaysia	Autobahnbehörde
perindustrian kayu	Holzindustrie

kementerian	Ministerium
Kementerian Dalam Negeri	Innenministerium
Kementerian Luar Negeri	Außenministerium
Kementerian Kesihatan	Gesundheitsministerium
parlimen	Parlament
Syarikat Telekom Malaysia	Telekommunikationsgesellschaft
pejabat daerah	Bezirksamt
pegawai daerah	Bezirkspräsident
pengarah	Direktor
pengurus	Manager

Jabatan Kastam dan Eksais diRaja Malaysia
Königliches Zollamt

Lembaga Kemajuan Tanah Persekutuan
= FELDA *(Federal Land Development Agency)*
Landesentwicklungsbehörde

Jabatan Imigresen Malaysia
Immigrationsbehörde

Perbadanan Kemajuan Pelancongan Malaysia
Tourismusentwicklungsorganisation

In kleineren Orten sind der Vorsteher des Kampong (pengulu kampong) *oder auch der Lehrer* (guru) *die Ansprechpartner.*

pertanyaan	Auskunft
borang	Formular
permohonan	Antrag
nama (huruf besar)	Name (in Großbuchstaben)
alamat rumah	Heimatanschrift
jantina	Geschlecht
negeri	Land
tempat diperanakkan	Geburtsort

alamat = *Adresse*

tarikh diperanakkan	Geburtsdatum
warganegara	Staatsangehörigkeit
kad pengenalan	Passnummer
bujang	ledig
kahwin	verheiratet
janda	geschieden, verwitwet
agama, ugama	Religion
bangsa	Rasse
tandatangan	Unterschrift

Polizei

Manchmal muss man noch zur Zentralwache, um das Formular abzugeben, wenn die zuständige eine Nebenwache ist. Die Angelegenheit dauert Stunden, die Polizisten sind in der Regel aber freundlich. Mittlerweile gibt es an den wichtigsten Touristenorten auch eine Touristenpolizei – da kommt man mit Englisch auf jeden Fall klar. Man erkennt deren Polizisten an einem Band mit Schachbrettmuster an der Mütze und der Aufschrift „tourist police" auf der Uniform.

Wenn Sie bestohlen wurden, müssen Sie zur nächstgelegenen Polizeiwache (balai polis) gehen. Dort wird das Protokoll aufgenommen, das der Polizist (matamata) auf Malaiisch abfassen muss. Das wird dann vorgelesen und Sie bestätigen die Richtigkeit durch Unterschrift. Dann wird der Bericht meist noch einmal umgeschrieben und dem Chef zur Unterschrift vorgelegt.

pencuri	Dieb, Räuber
mencuri	stehlen
memasuki	einbrechen
tokang seluk kabit	Taschendieb
beg – beg pakaian	Tasche – Koffer
barang-barang (penumpang)	Sachen (Reisegepäck)
paspo(r)t	Pass
pundi-pundi	Portemonnaie
anak – ibu kunci	Schlüssel – Schloss
ditutup – dibuka	geschlossen – offen
lapuran	Bericht

Di mana ada balai polis?
Wo ist eine Polizeiwache?

Barang-barang / Beg / Semua wang saya kena curi.
Gepäck / Tasche / alles Geld ich wurde stehlen
Mein Gepäck / Meine Tasche / Mein ganzes Geld wurde gestohlen.

Bank

Es ist unwahrscheinlich, dass man auf einer Bank jemals Malaiisch sprechen muss. Dennoch hier ein paar nützliche Vokabeln.

pertakaran wang	Geld wechseln
penukar wang	Geldwechsler
menukar, bertukar	wechseln
wang kembali / kecil	Wechsel- / Kleingeld
wang tunai – cek	Bargeld – Scheck
kiriman wang	Geldüberweisung
berkirim / mengirim wang	Geld überweisen
belum datang	noch nicht angekommen
terlambat	zu spät
kira-kira, akaun	Konto
keluaran	Abbuchung
simpanan	Einzahlung
baki	Bilanz

Geld kann man natürlich auch bei den ausnahmslos indischen Geldwechslern (penukar wang) *von der Kaste der Chettiars wechseln, oder bequemer am Geldautomaten gleich in malaysischen Ringgit abheben.*

Post

Post und Telegrafenamt sind getrennt. Die Syarikat Telekom Malaysia wurde privatisiert. Von den Pejabat Telegram aus kann man Telegramme und Telexe verschicken. Muss man Zollerklärungen für Päckchen ausfüllen, stehen Malaiisch und Französisch zur Auswahl.

kostet nur 40 Sen

pejabat pos (besar)	(Haupt-)Postamt
surat udara	Aerogramm
mel udara	Luftpost
surat – poskad	Brief – Postkarte
alamat	Adresse
alamat pengiriman	Absender
bayaran pengiriman	Portogebühr
s(e)tem	Briefmarken
bungkus(an)	Paket, Päckchen
daftar	registrieren
pejabat telegram	Telegrafenamt
faks	Telefax

Saya mau mengirim surat dan poskad ini ke Jerman.
ich wollen schicken Brief und Postkarte diese nach Deutschland
Ich möchte diesen Brief / diese Postkarte nach Deutschland schicken.

Begriffe auf Zollerklärungen

ikrar kastam	Zollerklärung
penerima	Empfänger
perhatian	Bemerkungen
benda	Gegenstand, Objekt
taruh	setzen, anbringen
pangkah	Kreuz(zeichen)
taruh pangkah – tulis	ankreuzen – schreiben
isi (bungkusan)	Inhalt (des Pakets)
pemberian	Geschenk
contoh perdagangan	Warenmuster
negeri asal	Ursprungsland
negeri yang dituju	Zielland
berat bersih	Nettogewicht
berat penuh	Bruttogewicht

nilai	Wert
biasa	normal *(hier: Landweg)*
udara	Luft *(hier: Luftweg)*
Euro	Euro
Frank Swiss	Schweizer Franken
Pound	Britisches Pfund

Internet

Internetcafe

e-mail (e-mel)	E-mail
buka, cek	abrufen
hanta	schicken
cetak	ausdrucken
kad kredit	Kreditkarte
kad cek	Scheckkarte
terima	akzeptieren
ATM mesin	Geldautomat
mobilfon	Mobiltelefon
kad bayar dulu	Prepaid-Karte
kad telefon	Telefonkarte
kaitan	Verbindung

Di sini adakah kafe internet?
Gibt es hier ein Internetcafe?

Satu jam berapa (ringgit)?
Wie viel kostet die Nutzung des Computers pro Stunde?

Saya mau dapat / hanta e-mail.
Ich möchte gerne E-mails abrufen / verschicken.

Bolehkah saya cetak e-mail ini?
Kann ich diese E-mail ausdrucken?

Bolehkah saya bayar kad kredit?
Kann ich mit Kreditkarte bezahlen?

Di mana ada ATM mesin?
Wo ist hier ein Geldautomat?

Saya mau beli kad bayar dulu.
Ich möchte eine Prepaid-Karte für mein Mobiltelefon kaufen.

Saya mau kad telefon untuk ...
Ich möchte eine Telefonkarte für ... .

Fotografieren

Mit einem Smartphone können Sie sich die mit einem 👂 gekennzeichneten Sätze dieses Kapitels anhören.

In islamischen Ländern, aber auch sonstwo sollte man Personen entweder mit einem Teleobjektiv aus diskreter Distanz fotografieren, wenn sie sich unbeobachtet fühlen, oder sie vorher um Erlaubnis fragen:

👂 **Boleh saya menggambar / mengambil gambar saudara / saudari?**
kann ich fotografieren / nehmen Foto Bruder / Schwester
Kann ich ein Foto von Ihnen machen?

👂 **Saya minta ambil potret dengan saudara / saudari.**
ich bitten nehmen Portrait mit Bruder / Schwester
Ich möchte gern ein Foto mit Ihnen zusammen machen.

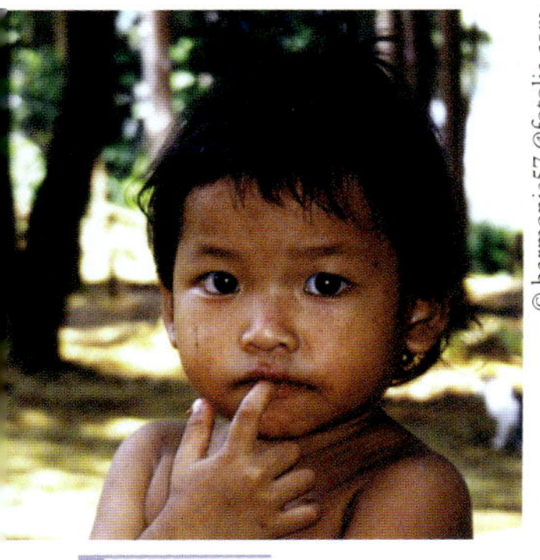

Kinderportrait

👂 **Boleh tolong berikan saya alamat anda / awak, kerana saya ingin menghantar gambar kepada anda / awak.**
können helfen geben ich Adresse Sie / du weil ich wünschen schicken Bild zu Sie / du
Können Sie mir bitte Ihre Adresse geben? Ich möchte Ihnen / dir nämlich das Foto schicken?

kedai gambar	Fotogeschäft
alat ambil gambar *(Instrument nehmen Bild)*	Fotoapparat
kamera	Kamera
filem	Film
mencuci gambar *(waschen Bilder)*	Fotos entwickeln
potret, gambar seseorang	Portrait
gambar	Bild, Foto
menggambar, mengambil	fotografieren
menghantar(kan)	schicken

Krank sein

Ein Arztbesuch dürfte Ihre Malaiisch-Kenntnisse kaum herausfordern, eher schon Krankheit oder eine Verletzung unterwegs im Dschungel oder sonstwo. Dann allerdings können ein paar Brocken beinahe lebenswichtig sein. Die ambulante Behandlung in allgemeinen Krankenhäusern (in Großstädten: hospital besar) ist übrigens kostenlos; lediglich Medikamente müssen bezahlt werden. In Arztpraxen (kelinik) zahlt man meist zwischen RM 10 und 20 pro Behandlung inklusive Medikamente (vorher fragen).

Krank sein

sakit – penyakit	krank – Krankheit
sihat – kesihatan	gesund – Gesundheit
rumah sakit	Krankenhaus
Bulan Sabit Merah	Roter Halbmond
ambulans	Krankenwagen
luka	Wunde, Verletzung
tercedera	Verletzte(r) bei Unfall
sakit	Schmerzen, schmerzhaft
perut mencocok	stechende Bauchschmerzen haben
rasa	Geschmack, Gefühl
merasa – perlu	fühlen – brauchen
panggil (memanggil)	rufen
doktor (gigi / mata)	(Zahn- / Augen-)Arzt
doktor belah	Chirurg
jururawat	Krankenschwester
mengadung, bunting	schwanger
(sakit) kepala	Kopf(schmerzen)
mata	Auge
telinga	Ohr
mulut	Mund
gigi	Zahn
kerongkongan	Rachen
bahu	Schulter
tulang	Knochen
dada – buah dada	Brust – Brüste *(weibl.)*
hidung – lisan	Nase – Zunge
leher	Hals
sendi	Gelenk
otot, urat	Muskel, Bänder
paru-paru	Lunge
jantung	Herz

islam. Rotes Kreuz

Mit einem Smartphone können Sie sich die mit einem 👂 gekennzeichneten Sätze dieses Kapitels anhören.

limpa – limpa kecil	Leber – Galle
anak limpa	Bauchspeicheldrüse
perut	Magen
vagina, faraj	Vagina
butuh	Penis
darah	Blut – Nerven
salur darah	Ader
saraf	Blut – Nerven
kulit	Haut
kaki	Fuß, Bein
usus besar / kecil	Dick- / Dünndarm
otak	Gehirn
bibir	Lippe
jari – lengan – tangan	Finger – Arm – Hand
jari kaki	Zeh
ibu jari *(Mutter Finger)*	Daumen
jari telunjuk / hantu	Zeige- / Mittelfinger
jari manis	Ringfinger
jari kelengkeng	kleiner Finger
pencernaan	Verdauung
gangguan	Störung
patah tulang	Knochenbruch
cirit, buang-buang air	Durchfall
sakit radang	Entzündung
demam – selesema	Fieber – Erkältung
demam selesema	Grippe
kolera, penyakit taun	Cholera
demam kepialu	Typhus
demam nyamuk / kura	Malaria
sakit tali perut	Blinddarm-
umbai usus	entzündung
racun	Gift
menggigit	beißen

auch: sich erkälten

ular	Schlange
anjing	Hund
menetapkan	diagnostizieren
penetapan	Diagnose
sifat penyakit, surat ubat doktor	Rezept
ubat	Arznei *(a. traditionell)*
mengubatkan	mit Arznei behandeln
pengubatan	Behandlung
surgeri	Chirurgie
suntik – suntikan	impfen – Injektion
pindah tuang darah	Bluttransfusion
surat resip	Quittung

Tolong, cepat-cepat
Hilfe, schnell, schnell!

Tolong panggil doktor.
bitte rufen Doktor
Bitte rufen Sie einen Arzt.

Saya sakit.
Ich bin krank / verletzt.

Adakah doktor dekat di sini?
haben-? Doktor nahe in hier
Gibt es einen Arzt in der Nähe?

Di mana ada rumah sakit yang baik?
bei wo haben Haus krank welches gut
Wo gibt es ein gutes Krankenhaus?

Malaysias Tierwelt kann gefährlich sein.

Tolong belikan saya ubat untuk ...
bitte kaufe ich Medizin für ...
Bitte kaufe mir Arznei gegen ...

Kawan saya kena gigit ular / anjing.
Freund ich geworden beißen Schlange / Hund
Mein Freund wurde von einer Schlange / einem Hund gebissen.

Saya perlu surat resip untuk insurans saya.
ich brauchen Brief Quittung für Versicherung ich
Ich brauche eine Quittung für meine Versicherung.

Saya minta surat dengan penetapan sifat penyakit dan pengubatan untuk insurans saya.
ich bitten um Brief mit Diagnose und Behandlung für Versicherung ich
Ich bitte für meine Versicherung um einen Brief,
in dem Diagnose und Behandlung stehen.

Die Standardfragen

Sie werden zwar kaum auf der Straße angesprochen und müssen nicht immer wieder im Vorbeigehen dieselben Fragen beantworten, aber wenn man erst mal mit Einheimischen ins Gespräch gekommen ist, ähneln sich die Fragen immer.

Wenn wir unterwegs sind, werden wir immer wieder in denselben Smalltalk verwickelt. Die Leute sind neugierig und wollen von dem Fremden wissen, wie sie ihn einzuschätzen haben. Vielleicht werden Sie es lustig finden, wie sehr sich Fragen und Antworten gleichen: Diesen Smalltalk werden Sie bald so gut beherrschen, dass die Leute von Ihren Sprachkenntnissen beeindruckt sein werden.

Saudara / Saudari dari mana?
Bruder / Schwester von wo
Woher kommen Sie?

Saya datang dari Jerman / Negeri Swis / Negeri Austria.
Ich komme aus Deutschland / der Schweiz / Österreich.

Das wird man tatsächlich immer noch gefragt!

Jerman Barat atau Timur?
Deutsch West oder Ost
Aus West- oder Ostdeutschland?

Sudah berapa lama di Malaysia?
schon wie-viel lange in Malaysia
Wie lange bist du / sind Sie schon in Malaysia?

Sudah lama tinggal di sini?
schon lange bleiben in hier
Sind Sie schon lange hier?

Sudah dua minggu.
Schon zwei Wochen.

Berapa lama lagi saudara / saudari nak tinggal di Malaysia?
wie-viel lange noch Bruder / Schwester wollen bleiben in Malaysia
Wie lange werden / wollen Sie noch in Malaysia bleiben?

Kali pertama di sini?
Mal erstes in hier
Zum ersten Mal hier?

Untuk apa awak datang ke Malaysia?
für was du kommen nach Malaysia
Warum bist du nach Malaysia gekommen?

Saya bekerja di sini.
Ich arbeite in hier
Ich arbeite hier.

Sekarang saya tengah cuti / masih bercuti.
jetzt ich Mitte Urlaub / noch Urlaub-machen
Jetzt habe ich Urlaub / Ferien.

Awak suka tempat ini?
du mögen Ort dieser
Gefällt es dir hier?

Sekarang awak tinggal di mana?
jetzt du bleiben in wo
Wo wohnst du jetzt?

?! Die Standardfragen

Mau ke mana?
wollen nach wo
Wohin des Wegs?

Jalan jalan.
gehen-gehen
Ich gehe spazieren.

Makan angin saja.
essen Wind nur
Nur etwas Luft schnappen.

Boleh cakap Bahasa Malaysia?
können sprechen Sprache Malaysia
Kannst du Malaiisch sprechen?

Ya, seditkit saja.
ja etwas nur
Ja, aber nur ein wenig.

Siapa nama awak?
wer Name du
Wie heißt du?

Nama saya Faizal / Halima.
Name ich Faizal / Halima
Ich heiße Faizal / Halima.

Sudah kahwin?
schon verheiratet
Bist du schon verheiratet?

Belum.
Noch nicht.

Ya, sudah.
Ja, schon.

Anak berapa orang?
Kind wie-viel Mensch
Wie viel Kinder hast du?

Dua (anak) lelaki, satu (anak) perempuan.
zwei (Kind) männlich' eins (Kind) weiblich
Zwei Söhne und eine Tochter.

In Südostasien ist es für Menschen über zwanzig der Normalzustand, verheiratet zu sein und Kinder zu haben. Kinderreiche Familien sind in Malaysia häufig. Anders als in Thailand und Indonesien gibt es keine staatliche Familienplanung. Im Gegenteil, die Regierung glaubt, zur Entwicklung des Landes noch viel mehr Menschen als die gegenwärtig rund 28 Millionen zu brauchen.

Richtig müsste es zwar heißen: dua orang anak laki-laki, seorang anak perempuan, aber die Leute sagen einfacher: dua lelaki, satu perempuan.

Umur berapa?	**Tiga puluh lima tahun.**
Alter wie-viel	*35 Jahre*
Wie alt?	35.

Pekerjaan awak apa?
Beruf du was
Was für einen Beruf hast du?

oder kürzer:

Kerja apa?
Arbeit was
Was ist dein Beruf?

Saya penuntut / guru.
Ich (bin) Student / Lehrer.

Tolong jangan cakap cepat-cepat.
bitte nicht sprechen schnell-schnell
Bitte sprich nicht so schnell.

Saya tak faham kata ini.
ich nicht verstehen Wort dieses
Ich verstehe dieses Wort nicht.

Tolong ulangi sekali lagi apa yang awak cakap tadi.
bitte wiederholen einmal mehr was welches du sprechen gerade
Bitte wiederhole noch einmal, was du gerade gesagt hast.

suami, laki	Ehemann
bini, isteri	Ehefrau
kahwin	verheiratet
anak perempuan	Tochter, Mädchen
laki-laki, lelaki	Sohn, Junge
umur	Alter
pekerjaan	Beruf
kawan	Freund
faham, mengerti	verstehen
bercakap, berkata	sprechen, sagen
kata	Wort
bahasa Inggeris	Englisch
bahasa Jerman	Deutsch
bertanya	fragen
pertanyaan	Frage
mendengar	hören
lupa	vergessen
ingat, teringat	sich erinnern
erti, pengertian	Bedeutung
menterjemahkan	übersetzen
tahu	wissen
kenal	kennen
baca (membaca)	lesen
tulis (menulis)	schreiben
mengajar	lehren
belajar	lernen
menghapalkan	auswendig lernen

Nachwort

Hoffentlich hat Ihnen dieser Sprechführer bei Ihren ersten Versuchen, Malaiisch zu lernen, helfen können. Sie haben erlebt, dass diese Sprache recht unkompliziert, aber so leicht auch wieder nicht ist, falls man tiefer einsteigen will. Wenn Sie Gelegenheit haben, Ihre Kenntnisse an Ort und Stelle anzuwenden, werden Sie sicher erfahren, um wie viel man den Menschen dadurch näher kommt. Die Geste allein, sich um diese ungewohnte Sprache zu bemühen, wird immer wieder irgendwie belohnt werden. Und wenn man in Gegenden kommt, wo Malaiisch Verkehrssprache zwischen verschiedenen Stämmen ist, etwa in Sabah und Sarawak, dann werden Sie erleben, dass auch viele Ihrer Gesprächspartner ihre Mühe damit haben.

In anderen Ländern sollten wir stets bereit sein, uns weitgehend an örtliche Sitten anzupassen, soweit dies sinnvoll ist. Auch das Erlernen von Grundbegriffen einer Sprache ist eine solche Anpassung. Die Malaien haben dafür ein passendes Sprichwort:

Masuk kandang kerbau kita menguak,
masuk kandang kambing kita mengembek.
betreten Stall Büffel wir muhen
betreten Stall Ziege wir meckern
Wenn wir den Stall eines Wasserbüffels betreten, dann muhen wir; wenn wir einen Ziegenstall betreten, dann meckern wir.

Literaturhinweise

Lehrbücher

Ein kleines Büchlein, das eine Menge Anwendungsbeispiele und Übungssätze bietet, ist: **Bahasa Malaysia without Tears** von Syed Ismail, erschienen bei Syarikat S. Abdul Majeed, Kuala Lumpur, 122 Seiten.

Die genannten Bücher sind nicht über den Reise Know-How Verlag erhältlich.

Umfangreicher, mit Konversationsbeispielen, zusammenhängenden Texten und ausführlicher Grammatik ist das ältere Buch **Bahasa Malaysia for Everyone** von Othman Sulaiman, erschienen bei Utusan Publications and Distributors, Kuala Lumpur, 324 Seiten.

Mir ist – mit Ausnahme der sehr guten internen Lehrmaterialien der Stiftung für Internationale Entwicklung, Bad Honnef – kein deutschsprachiges Lehrbuch für Bahasa Malaysia bekannt.

Wörterbücher

Es gibt viele kleine, also handliche Wörterbücher, aber nur eines ist m. E. wirklich gut: Reihe **„Collins Gem", Malay Dictionary Malay-English English-Malay,** erschienen bei Collins, Großbritannien; über 46.000 Einträge, 614 Seiten (im Hosentaschenformat).

Onlinekurs

Ein kostenloser Malaiisch-Onlinekurs auf englischer Basis in 64 Lektionen, der als Ergänzung empfehlenswert ist: **http://pgoh13.com/malay_course.php.**

Hinduschrein, Batu Caves

Hier sind über 1000 malaiische Wörter aufgeführt. Das klingt umfangreich, aber was sind schon 1000 Wörter. Ich hoffe, dass das Angebot gut ist. Für den Einstieg dürfte man mit der Liste schon ganz schön weit kommen. Die Verben erscheinen in der Grundform und meist einer Vor-bzw. Nachsilbe, die beim Sprechen korrekterweise mitbenutzt werden. Zahlen, Wochen- und Monatstage habe ich weggelassen, die findet man in den betreffenden Abschnitten in Tabellenform (Zahlen, Zeit usw.). Auch einige spezielle Begriffe, z. B. Behördenbezeichnungen, medizinische Begriffe, Bezeichnungen von Straßen u. a. findet man in den einzelnen Konversationskapiteln in kompakter Form. Ein Wörterbuch ersetzt die folgende Liste jedoch nicht.

A

abbiegen belok (mem-)
Abend malam
Abenddämmerung senja
Abendessen makan malam
aber tetapi
abfahren angkat (ber-), tolak (ber-)
Abfahrt keberangkatan; berlepas, bertolak
Abfall sampah
Abflug keberangkatan; berlepas
Absicht kemauan
absteigen turun
Abteilung bahagian
Achtung! awas!
Adresse alamat
Affe monyet
ähneln serupa (menyerupai)
alle: a. zwei Wochen lat seminggu; **a. zwei Tage** lat sehari; **a. zusammen** belaka
alle(s) segala, semua
allein sendiri
allgemein awam
als (Vergleich) daripada
alt (Dinge) lama; **(Person)** tua
alte Zeiten purbakala
Alter umur
älteste(r) yang sulung
Ameise semut
Amt jabatan, pejabat
Ananas nanas, nenas
ander(e, s) lain
Anfang awal, mula, permulaan
anfangen mula (ber-)
anfreunden, sich kawan (ber-)
Angelegenheit(en) hal ihwal
angeln kail (mengail)
Angelschnur tali kail
angemessen patut
angenehm selesa
Angestellte(r) kerani
ängstlich takut
anhalten henti (ber-)
ankommen datang, sampai, tiba
Ankunft kedatangan, ketibaan
Anlegestelle pengkalan, bagan
Anopheles-Mücke nyamuk tiruk

anschauen lihat (me-), tengok (menengok)
anscheinend rupanya
anstreichen cat (menge-)
Antwort jawaban
antworten jawab (men-)
anwesend (sein) hadir
anzünden bakar (mem-)
Apparat alat
Arbeit kerja
arbeiten kerja (be-)
Arbeitsplatz tempat kerja
Archipel kepulauan
ärgern, sich marah
arm miskin
Arm lengan
Armbanduhr jam tangan
Armee tentera
Art jenis, macam
Arzt doktor
Arztpraxis k(e)linik
Ast cabang
Attraktion tarikan
auch juga, pula, pun
auf Wiedersehen selamat tinggal, selamat jalan
aufbewahren simpan (menyimpan)
Aufgabe tugas
aufheben, etw. naik (me-...-kan)
Aufmerksamkeit perhatian
aufpassen jaga (men-)
aufräumen kemas (mengemaskan)
aufrichtig benar, lurus, tulus ikhlas
aufstehen bangun
aufsteigen naik
aufstellen, etw. naik (me-...-kan)
aufstrebend makmur
aufwachen bangun
Auge mata
Augenblick ketika; **einen Au.** sebentar
ausbilden latih (me-)
Ausbilder jurulatih
Ausbildung latihan
Ausführung urusan
Ausgang keluar
aushalten tahan (menahan)
Auskunft pertanyaan
Ausländer orang asing
ausruhen rehat (be-)
Ausrüstung alat
Aussehen rupa
außer kecuali
außerdem lagi
äußerst paling, terlalu
Auster tiram
ausverkauft habis
Auswahl ikhtiar, pilihan
auswendig lernen hafal (meng-...-kan)
ausziehen (Kleidung, Schuhe) buka (mem-)
Auto motokar, kereta
Autobahn lebuhraya

B

Baby bayi
Bad tempat mandi
baden mandi
Bahnhof stesen keretapi
bald sebentar, segera
Ball bola
Bambus bambu, buluh
Banane pisang
Bank bank
Bargeld wang tunai
Bart janggut
Bauer peladang, petani
Baum pohon, pokok
Baumwolle kapas, cita
Beamter pegawai
Becher cawan
Becken kolam
Bedeutung erti
Bedienung (Personal) pelayan
Bedingung syarat
beenden akhir (meng-...-i), selesai (menyelesaikan)
beendet sudah
befinden, sich letak (ter-)
Beginn mula
beginnen mula (ber-)
begleiten ikut (meng-)
Behörde jabatan
Bein kaki
Beisammensein (unmoralisch) khalwat
Beispiel contoh; **(z. B.)** sebagai contoh
beißen gigit (meng-)
Bekanntmachung maklumat
bekommen dapat (men-)
beleidigen maki (me-)
Bemühung usaha
benutzen guna
Benzin minyak bensin
beobachten lihat (me-)
bequem senang
bereitmachen, sich sedia (ber-)
bereitwillig sudi
Berg gunung

Bergsteiger pendaki gunung
Bericht laporan, riwayat
Beruf pekerjaan
berühmt terkenal
beschädigt rusak
beschäftigt sibuk
Bescheid sagen beritahu (mem-)
beschweren, sich sungut (ber-)
Beschwerde sungutan
besetzen duduk (men-...-i)
besitzen punya (mem-...-i)
besonders khas, istimewa
besser lebih baik
bestätigen sah (menge-)
bestehen (Prüfung) lulus
besteigen naik; **(Berg)** daki (men-)
Bestellung pesan
besuchen singgah, lawat (me-)
beten doa (ber-)
betreten masuk
betrunken mabuk
Bett tempat tidur
Bettstatt katil
Beute mangsa
Beutel beg
Bevölkerung rakyat
bevor (zeitl.) dulu, dahulu, sebelum
bewachen jaga (men-)
bewässern air (meng-...-i)
bewegen gerak (ber-)
bewölkt mendung
bewusst sedar
bezahlen bayar (mem-)
Bezirk daerah
Bezirkspräsident pegawai daerah
Bibliothek perpustakaan
Biene lebah
Bier bir
billig murah
binden ikat (meng-)
bis (zeitl.) sehingga, hingga, sampai
bisschen, ein sedikit
bitte (sehr) sila
bitten um minta (me-)
bitter pahit
Blasrohr sumpitan
blau biru
bleiben tinggal
blind buta
Blitz kilat
Blume bunga
Blut darah
Blüte bunga
Boden tanah
Bohne kacang
Bonbons gula-gula
Boot perahu, sampan, bot
borgen pinjam (meminjam)
böse jahat
Botschaft kedutaan
braten goreng (meng-)
brauchen perlu
braun perang
breit luas
Bremse pekam
Brett papan
Brief surat
Briefmarke s(e)tem
Briefumschlag sampul surat
Brille kaca mata
bringen bawa (mem-)
Brot roti
Brücke jambatan
Bruder (älterer) abang; **(jüngerer)** adik
Brunnen telaga, sumur
Brust dada
Brüste buah dada
Buch buku
Buchstabe huruf
Bucht teluk
Bundesterritorium (KL) Wilayah Persekutuan
Bürger rakyat
Büro pejabat
Bürste berus
bürsten berus (mem-)
Bus bas
Busbahnhof stesen bas
Butter mentega

Cent sen
Chauffeur sais
Chef ketua
Chili cabai (lombok)
Chinese orang Cina
Christ Kristian
Cholera kolera
Clan puak
Computer komputer
Curry kari

da (nimm es)! nah!
Dach atap
Dame madam, Datin
Damm empang
danke terima kasih
dann kemudian, lalu

Darm usus
das heißt / ist ialah
Datum hari bulan, tarikh
dauernd sentiasa
Decke (Bett-) selimut
denken fikir (ber-)
denn pula
deponieren titip
der, die, das (Relativpron.) yang
deshalb oleh itu
Deutsch, Deutschland Jerman
Diamant intan
dick (Dinge) tebal; **(Mensch)** gemuk
Dieb pencuri
diese(r, s) ini
direkt langsung
Distrikt wilayah
Disziplin disiplin, tatatertib
Dollar ringgit
Dolmetscher jurubahasa, lidah
Donner guruh
Dorf kampung
Dorfchef, -vorsteher penghulu, kepala kampung
dort di sana
dorthin ke sana
Drachen (Flug-) layang-layang **(in Kelantan)** wau
Drogen dadah
drucken cap (menge-)
drücken tolak (menolak)
du (Anrede) awak, saudara, saudari
dumm bodoh
dünn (fein) tipis, nipis; **(Mensch)** kurus
durch (mittels) oleh
Durchfall (haben) buang-buang air
durstig haus

E

Ebene dataran
Ehefrau bini, isteri
Ehemann suami
Ehepaar laki bini
Ehrgeiz cita-cita
ehrlich lurus hati
Ei telur
eifersüchtig cemburu
Eigentum harta
einfach (zu tun) mudah
Eingang masuk
eingelegt jeruk
Eingeweide usus
einige beberapa, setengah
Einkommen pendapatan
einladen jemput (men-); **(Essen)** jamu (men-)
einmal sekali
einsteigen naik
einstürzen runtuh
einverstanden setuju
Einwohner penduduk
Eis (Wasser-) air batu, air beku, ais; **(Speise-)** aiskrim
Eisen besi
Eisenbahn keretapi
Eltern ibubapa
empfangen terima (menerima), sambut
Empfänger penerima
Empfehlung syor
emporfliegen layang (me-)
Ende akhir
Ende, zu habis
enden akhir (ber-)
eng rapat
Englisch Inggeris
Ente itik
entkommen lepas (ber-)
Entschuldigung! maafkan!
enttäuscht kecewa
entwickeln (Film) cuci (men-)
Epoche zaman
er (sie, es) (d)ia
Erde bumi, tanah
Erdnuss kacang tanah
Ereignis acara, peristiwa
Erfahrung pengalaman
Erfolg haben jaya (ber-), maju
erfreuen, sich nikmat (me-...-i)
erfrischen, sich segar (menyegarkan)
erhalten dapat (men-)
erinnern, sich ingat
Erkältung selesema
erkennen kenal (mengenal)
erlaubt (Islam) halal
erleben rasa (me-...-i)
Erlebnis pengalaman
erledigt sudah
erleiden kena
erreichen sampai
Ersatzteil alat ganti
erschrocken terkejut
erste(r, s) yang pertama
ertragen tahan (menahan)

Erwachsene(r) orang dewasa
Erzählung cerita
Erziehung pendidikan
es ia
essen makan
Essen makanan
etwas sedikit
Expressbus bas cepat

F

Fabrik kilang
Faden benang
Fahne bendera
Fähre perahu tambang
fahren pergi; **(selbst)** pandu (memandu)
Fahrer sais
Fahrgast penumpang
Fahrkarte tiket
Fahrplan jadual waktu
Fahrpreis tambang
Fahrrad basikal
Fahrzeug kenderaan
fair patut
fallen jatuh; **(Regen)** turun
falls jika(lau), kalau
falsch salah
Familie keluarga
fangen tangkap (menangkap)
Farbe warna; **(zum Malen)** cat
fast hampir
fasten puasa (ber-)
Fasten puasa
faul malas
Fehler machen salah (ber-)
Feier perayaan
fein (zart) halus
Feind musuh
Feld ladang; **(freies)** lapangan, padang
Fels batu
Fenster tingkap, jendela
Ferien cuti
Fernglas teropong
fernhalten jauh (men-...-i)
fertig habis, selesai
Festessen makan besar
festnehmen tangkap (menangkap)
Festung kota
Fett minyak
Feuer api
Feuerwaffe senjata api
Fieber demam
Figur patung
Film filem
Finger jari
Fisch ikan
Fischer nelayan
fit segar
Flasche botol
Fleck(en) noda
Fleisch daging
Fleischverkäufer penjual daging
Fleiß usaha
fleißig rajin
fliegen terbang
Floß rakit
Flughafen lapangan terbang
Flugzeug kapalterbang
Fluss sungai
flussabwärts hilir
flussaufwärts (h)ulu
Flussmündung kuala
folgen ikut (meng-)
Formular borang
Forschung penyelidikan
Fortschritt kemajuan
fortschrittlich maju
Fotografie gambar
Fracht kiriman
Frage pertanyaan
fragen tanya (ber-)
französisch Perancis
Frau perempuan, wanita; **(Anrede)** Puan
Fräulein (Anrede) Cik
frech nakal
frei bebas, lepas
freiwillig sukarela
fremd asing
Fremde(r) dagang, orang asing
Freude nikmat
Freund kawan, sahabat, teman
Friede aman, damai
friedlich aman
frisch segar
froh, fröhlich gembira
Frucht buah
früh awal; **f. morgens** pagi-pagi
früher lama, dahulu
Frühstück makan pagi; sarapan
führen pimpin (memimpin)
Führer (Buch) panduan; **(Person)** pandu, pemimpin
Führerschein lesen memandu
für untuk
fürchten, sich takut

Fuß kaki
Fußball bolasepak
Fußboden lantai

G

ganz segala
Garten taman, kebun
Gärtner tukang kebun
Gast tamu
Gästehaus rumah tumpangan
Gatte laki
Gebäude bangunan
geben beri (mem-)
geben: es gibt ada
gebildet terpelajar
Gebirgskette banjaran
geboren werden lahir
gebraten goreng
gebrochen patah
Gebühr bayaran
Geburt kelahiran
Geburtsdatum tarikh lahir
Geburtsort tempat lahir
Gedanke angan-angan
geduldig sabar
Gefahr bahaya
gefährlich berbahaya
Gefängnis penjara
Gefühl hati, rasa, perasaan
Gegend kawasan
Gegenstand benda
Gegenteil: im G. sebaliknya
gegenüber di seberang, di hadapan
gehen pergi; **(spazieren gehen)** jalan (ber-); **(zu Fuß)** jalan kaki (ber-)
Gehirn otak
Geist hantu
gekocht rebus
gelb kuning
Geld wang
Geldbeutel pundi-pundi
Geldüberweisung kiriman wang
Geldwechsler penukar wang
gelegentlich kadang-kadang
Gelenk sendi
Gemälde lukisan
Gemeinde (Islam) mukim
gemeinsam bersama-sama
Gemeinschaft kaum
gemischt campur
Gemüse sayur(-sayuran)
genau tepat
genug cukup; **(Ausruf)** sudahlah!
Gepäck barang-barang
gerade (direkt) terus; **(soeben)** tadi
Gerät alat
Geräusch bunyi
Gericht (Essen) makanan; **(Justiz)** mahkamah
gerissen (Seil) putus
gern senang hati
Gerücht khabar angin
Geschäft kedai
geschehen jadi
Geschenk hadiah, pemberian
Geschichte (Erzählung) cerita, riwayat; **(Historie)** sejarah
geschickt (klug) pandai
geschieden bercerai
geschlossen tutup
Geschmack rasa
geschmacklos (Essen) tawar
Gesellschaft masyarakat
Gesetz undang-undang; **(Islam)** syariat
Gesicht muka
Gespräch percakapan
gestern ke(l)marin; **g. Abend** malam tadi
Gestrüpp belukar
gesund segar, sehat, sihat
Gesundheit kesihatan
Getränk minuman
gewiss naam, tentulah
Gewürz rempah
Gift racun
Gipfel kemuncak, puncak
Glas kaca; **(Trink-)** gelas
glauben percaya
gleich (zeitl.) nanti, sebentar; **g. wie** sama
gleichaltrig sebaya
Glocke loceng
Glück haben mujur
Glücksspiel judi
glücksspielen judi (ber-)
Gold (e)mas
Gott Tuhan
Grabmal makam

Grammatik tatabahasa
Gras rumput
gratis percuma
grau kelabu
Grenze had
groß besar
Großmarkt pasar borong
Großmutter nenek
Großstadt bandaraya
Großvater nenek
grün hijau
Grund sebab
Grundschule sekolah rendah
Gruppe kumpulan
Guave jambu batu
gültig sah
Gummi getah
gut bagus, baik
Güter barang-barang

H

Haar rambut
Haare schneiden cukur (men-), gunting rambut (meng-)
haben ada, punya (mem-...-i)
Hafen pelabuhan
halb setengah; **(h. und h.)** separuh
Halbinsel semenanjung
Halle balai
Hals leher
halten henti (ber-)
Haltestelle perhentian
Hand tangan
Handel perdagangan
handeln (feilschen) tawar (menawar)
Handtasche beg tangan
Handtuch tuala
Handwerker tukang
Hang lereng
hart keras
hassen benci (mem-)
hässlich buruk, jelek
Hauptstadt ibukota
Haus rumah; **(groß)** wisma
Haut kulit
Heiler bomoh
heimkehren balik (ber-), pulang
heiraten kahwin (ber-)
heiß panas
Held pahlawan
helfen bantu (mem-); tolong (menolong)
hell terang
Hemd baju, kemeja
Herr (Anrede) Tuan
Herrscher raja
herstellen buat (mem-)
herumgehen keliling (ber-)
herumfliegen terbang (ber-...-an)
herumreisen jelajah (men-)
herumspringen lompat (ber-...-an)
heruntergehen turun
hervorragend utama
Herz jantung; **(figurativ)** hati
heute hari ini; **h. Abend** malam sekarang
Hibiskus bunga raya
hier di sini
hierher ke sini
Hilfe (Erste) rawatan; **(gegenseitige)** bertolong-tolongan **(Ausruf)** tolong!
Himmel langit; **(Paradies)** syurga
hinausgehen keluar
hinterste(r, s) terkebelakang
Hirsch rusa
hoch tinggi
Hochzeit perkahwinan
hoffen harap (ber-)
Hoheit Tuanku
Höhepunkt kemuncak
Höhle gua
Holländisch Belanda
Holz kayu
Honig madu
Hose seluar, celana
Hotel rumah tumpangan
hübsch (Frau) cantik
Hügel bukit
Huhn ayam
Hund anjing
hungrig lapar
Husten batuk
Hut topi
Hütte pondok

I

ich saya; **(vertraulich)** (a)ku
Idee angan-angan
immer selalu, sentiasa
Immigration imigresen
impfen suntik
Impfung suntikan
Import import
in di
Inder orang India

Industrie industri
Inflation inflasi
informieren beritahu (mem-)
Ingenieur jurutera
Ingwer halia
Inhalt isi
Initiative ikhtiar
Insekt serangga
Insel pulau
interessant menarik hati
Interesse haben minat (ber-)
international antarabangsa
irgendetwas apa-apa
irgendjemand siapa-siapa
irgendwo mana-mana
Irrtum silap

J

ja naam, ya
Jackfruit nangka
jagen buru (ber-)
Jahr tahun
Jahreszeit musim
Jahrhundert kurun
jede(r, s) setiap, tiap-tiap
jemand seorang
jene(r, s) itu
jetzt sekarang
Joghurt dadih
Journalist wartawan
Jugend belia
jung muda
Junge anak laki-laki, budak lelaki

K

Kaffee kopi
kalt sejuk, dingin
Kamera kamera
Kamerad sahabat, teman
Kamm sisir
kämmen sikat (menyikat), sisir (menyisir)
Kampf perkelahian
Kanu sampan
Kap tanjung, ujung
kaputt rusak
Karte kad
Kasten peti
Katze kucing
kaufen beli (mem-)
kein bukan
kennen kenal (mengenal)
Kenntnis pengetahuan
Kern biji
Kette rantai
Kilogramm kilogram
Kilometer kilometer
Kind anak
Kinder (allg.) kanak-kanak
Kindergarten tadika
Kino sinema, panggung gambar
Kirche gereja
Klang bunyi
Klasse kelas
Kleidung pakaian
klein kecil
Kleingeld wang kecil
Kleinstadt pekan
klettern (Baum, Leiter) panjat (memanjat)
Klimaanlage penghawa dingin
Klinge mata pisau
Klub kelab
klug pandai, pintar
Knoblauch bawang putih
Knochen tulang
Knopf butang, kancing
Koch jurumasak, tukang masak
kochen rebus (me-); **(Essen)** masak (me-)
Koffer beg pakaian
Kokosnuss kelapa
kommen datang; **komm hierher!** ke mari!
König raja, Yang di-Pertuan Agung
können boleh
Kopf kepala
Kopftuch tudung
Koralle(nriff) karang
Korb bakul
Körper tubuh; **(Rumpf)** badan;
köstlich sedap
Krabbe udang
krank sakit
Krankenhaus rumah sakit
Krankenschwester jururawat
Krankenwagen ambulans
Krankheit penyakit
Krebs ketam
Kreuzung simpang
Krieg perang
Kris (Dolch) keris
Krokodil buaya

Küche dapur
Kuchen kek, kuih, roti
Kuh lembu
kühl sejuk
Kühlschrank peti ais
Kultur kebudayaan
Kunst seni
kurz (räumlich) pendek
kürzlich baru
Kuss cium
küssen (einander) cium (ber-)
Küste pantai
Küstenland rantau

L

lächeln senyum
lachen ketawa, tertawa
Laden kedai, toko
Ladenbesitzer pekedai
Lage letak
Lampe lampu
Land negeri
Landkarte peta
Landwirtschaft pertanian
lang (örtl.) panjang; **(zeitl.)** lama
Langhaus rumah panjang
langsam lambat, perlahan-lahan
langweilig bosan
lassen biar (mem-...-kan); **lasst uns** biar
Lastwagen lori
laufen lari (ber-)
Läufer pelari
leben hidup
Leben hidup, jiwa
Leber limpa, hati
Leder kulit
leer kosong, lapang
legal sah
legen bubuh (mem-)
lehren ajar (meng-)
Lehrer guru; **(Islam)** ustaz
Lehrerin (Islam) ustah
leicht (einfach) mudah; **(Gewicht)** ringan
leider sayang
leihen sewa (menyewa)
Leiter tangga **(Person)** pengurus
Lektion pelajaran
lernen ajar (bel-)
lesen baca (mem-)
Leser pembaca
letzte(r, s) terakhir
Leuchtturm rumah api
Leute orang-orang
Licht cahaya, terang
Liebe cinta, kasih
Liebesverhältnis hubungan cinta
Lied nyanyian
Lieferung kiriman
Liegewagen kereta tempat tidur
Lift lif
Linie baris, nirai
links kiri
Lippe bibir
Liste daftar, senarai
Loch lubang
Löffel camca, senduk
Löwe singa
loyal setia
Lücke lubang
Luft hawa, udara
lustig lucu

M

machen buat (mem-)
Machete parang
Mädchen anak perempuan, budak perempuan
Magen perut
Mal kali
Malaie orang Melayu
Malaiischer Archipel kepulauan Melayu
malen (Bild) lukis (me-)
manchmal kadang-kadang
Mangostane manggis
Mangrove bakau
Mann laki-laki
männlich (Mensch) laki-laki; **(Tier)** jantan
Mantel baju (luar)
Marke cap
Markt pasar; **(in Sabah)** tamu
Maschine mesin
Maske topeng
Maß (Größe) ukuran
Matratze tilam
Matte tikar
Maus tikus
Medizin ubat
Meer laut
Meerenge selat
Mehl tepung
mehr lagi, lebih
mehrere beberapa
Meile(nstein) batu
meinen kira (mengira)
Meinung pendapat
meisten: am m. paling

Meister (Handwerk) tukang; **(Sport)** johan
Mekkapilger haji
Mekkapilgerin hajjah
Menge jumlah
Mensch (Person) orang; **(Menschheit)** manusia
Menschenmenge ramai
messen ukur (meng-)
Messer pisau
Methode cara
Metzger tukang sembelih
mieten sewa (menyewa)
Milch susu
Militär tentera
Millionär jutawan
Mine lombong
Minister menteri
Ministerium kementerian
Minute minit
mischen campur (men-)
mit dengan, serta
Mitglied ahli
Mittag tengahari
Mittagessen makan siang
Mitte tengah
Mittelschule sekolah menengah
Mitternacht tengah malam
Mode fesyen
Modell lembaga
mögen sayang, suka
möglich mungkin
Monat, Mond bulan
Monsun musim monsun
morgen (b)esok
Morgen, morgens pagi
Moschee masjid
Moskito nyamuk
Moskitonetz kelambu
Motorrad motosikal
müde lelah, letih
Mund mulut; **den M. aufmachen** nganga (me-)
Muschel kerang, siput
Museum muzium
müssen harus, kena, mesti
Muster contoh, lembaga
mutig berani
Mutter ibu, (e)mak

N

nach ke; **(zeitl.)** selepas
Nachbar jiran, tetangga
nachdem setelah
nachher lalu
nachlässig alpa
Nachmittag petang
Nachricht khabar; **Nachrichten** berita
Nacht malam
Nachtmarkt pasar malam
Nadel jarum
nah dekat, rapat
nahekommen rapat (me-...-i)
nähen jahit (men-)
Name nama
Nase hidung
nass basah
national kebangsaan
Nationalpark taman negara
Natur alam
natürlich wajar; **(ja, n.)** memang
Nebel kabut
nehmen ambil (meng-)
nein bukan, t(id)ak
Nerv saraf
Netz jala
neu ba(ha)ru
neugierig ingin tahu
nicht bukan, t(id)ak; **n. !** jangan!; **ist n.** tiada; **n. so (schwierig)** t(id)ak berapa (susah)
niedrig rendah
niemals t(id)ak pernah
Nische antara
noch masih; **n. mehr** lagi; **n. nicht** belum
Norden utara
Nordosten timurlaut
Nordwesten baratlaut
normal biasa
notwendig perlu
Nudeln mi, mie, mee
Null kosong
Nummer nombor
nur cuma, hanya, sahaja
nützlich berguna

O

Oberlauf (Fluss) (h)ulu
Objekt benda
Obst buah-buahan
obwohl meski(pun), walau(pun)
oder atau

Ödland gurun
offen lapang, buka
öffentlich awam
offiziell rasmi
öffnen buka (mem-)
oh Gott! alamak!
ohne tanpa
Ohr telinga
Öl minyak
Omelett telur dadar
Opfer terkorban
Orchidee bunga anggerik
organisieren urus (meng-)
Ort tempat
Osten timur
österreichisch Austria
Ozean lautan

P / Q

Päckchen, Paket bungkus(an)
Palast istana
Palmwein tuak
Papier kertas
Park taman
Parkplatz letak kereta
Party majlis
Passagier penumpang
passend harus
Pause rehat
Pech haben malang
Penis butuh
Perle mutiara
Person orang
Pfeffer lada
Pferd kuda
pflanzen tanam (menaman)
Pflanzen tumbuh-tumbuhan
Pflicht jasa
Pilot juruterbang
Pilz cendawan
Pirat perompak laut
Plantage ladang
Platz letak, tempat
Polizei polis
Polizeistation balai polis
Polizist mata-mata, polis
Postamt pejabat pos
prächtig indah
Präsident dipertua, presiden
Preis harga
Premierminister Perdana Menteri
Prinz putera
probieren rasa (me-)
Problem masalah
Profit untung
Programm acara
Projekt rancangan, projek
Provinz wilayah
prüfen periksa (memeriksa)
Prüfung ujian
Quelle mata air
Quittung surat resit

R

Rabatt potongan
Rad roda
Rand pinggir
Rang taraf
rasieren cukur (men-)
Rast rehat
rasten rehat (be-)
Rasthaus rumah rehat
Ratschlag nasihat, syor
Rätsel masalah
Rattan rotan
Ratte tikus
Räuber penyamun, perompak
rauchen rokok (me-)
Raum bilik
rechts kanan
Regen hujan
Regenzeit musim hujan
Regierung kerajaan
reich kaya
reif masak
Reifen tayar
Reihe nirai;
an der R. sein giliran
reinigen bersih (mem-...-kan)
Reis (gekocht) nasi;
(im Feld) padi;
R. kochen tanak (menanak)
Reise perjalanan
Reisender pengembara
Reisepass pasport
Reisfeld sawah
Reissuppe bubur
Religion agama
rennen lari (ber-)
Rennen larian, lumba
reparieren baik (mem-...-i)
Reservierung tempahan
Restaurant restoran
Richter hakim
richtig betul, benar
Richtung tentang, arah
Rikscha beca

Rind lembu
Ring cincin
Ritus upacara
Roman novel
rot merah
rufen panggil (memanggil)
ruhig (See) tenang
rund bulat

S

Saft air buah
sagen kata (ber-)
sägen gergaji (meng-)
Salz garam
salzig asin
Samen biji, lembaga
sammeln (auf-) pungut (memungut)
Sammlung kutipan
Samtkappe (malai.) songkok
Sand pasir
Sandbank tebing
Sänger biduan
Sängerin biduanita
Satz ayat
sauber bersih
säubern bersih (mem-...-kan)
sauer asam, masam
schäbig buruk
Schachtel kotak, peti
Schaden haben rugi
Schal tudung
Schalter (Ticket-) kaunter
Scham, schämen malu
scharf (Messer) tajam; **(Gewürz)** pedas
Schatten tempat teduh
Schattenspiel wayang kulit
Schattenspieler dalang
Schauspiel wayang
Schauspieler(in) pelakon
Scheck cek
Scheibe keping
scheiden cerai (ber-)
scheinbar rupanya
Schere gunting
schicken hantar (meng-...-kan), kirim (mengirim)
Schicksal nasib
schießen tembak (menembak)
Schiff kapal
Schildkröte (Meeres-) penyu
Schirm payung
Schlaf, schlafen tidur
Schlafwagen koc tempat tidur
schlagen pukul (memukul)
Schlamm lumpur
Schlange ular
schlecht jelek, kurang baik
Schleier (Islam) tudung
schließen tutup (menutup)
Schloss (Tür-) ibu kunci
Schlosser tukang kunci
Schlucht jurang
Schluss habis
Schlüssel (anak) kunci
schmecken rasa (me)-
schmerzhaft sakit, terasa sakit
Schmetterling kupu-kupu
Schmied tukang besi
schmücken (sich) hias (ber-)
schmutzig kotor
Schnauzbart misai
Schnecke siput
Schnee salji
schneiden gunting (meng-), potong (memotong)
Schneider(in) tukang jahit. penjahit
schnell cepat, laju; **(sofort)** segera
Schnitzerei ukiran
Schnur tali
Schnürsenkel tali kasut
Schokolade coklat
schon sudah, telah
schön (Landschaft) indah; **(Frau)** cantik
Schönheit kecantikan
Schrank almari
schreiben tulis (menulis)
schreien jerit (men-)
Schrift tulisan
Schritt langkah
schüchtern malu
Schuh kasut
Schulden hutang
schuldig (ber)salah
Schule sekolah; **(Islam)** madrasah; **Sch. besuchen** sekolah (ber-)
Schüler(in) murid
Schulter bahu
schwach daif, lemah

Schwalbe layang-layang
schwanger (sein) bunting
schwarz hitam
Schwein babi
Schweizer Swis
schwer (Gewicht) berat;
(Regen) lebat
Schwerverletzter tercedera parah
Schwester (ältere) kakak;
(jüngere) adik;
schwierig sukar, susah
Schwimmbad kolam renang
schwimmen renang (be-)
See tasik, danau
seekrank mabuk ombak
Seele jiwa
Segel layar
segeln layar (ber-)
sehen lihat (me-)
sehnen, sich ingin
sehr amat, sangat
Seide sutera
Seife sabun
Seil tali
seit (Verhältnisw.) dari
seitdem se(men)jak
Sekretär(in) setiausaha
Sekunde saat
selbe(r, s) sama
selbst sendiri;
s. wenn meski(pun), sungguhpun, walau(pun)
selbstverständlich memang, tentu
Sendung kiriman
Service perkhidmatan
servieren hidang
Sex (außerehelich) zinah
sicher aman, tetap
Sicherheit keselamatan
sicherlich tentulah
sichtbar nampak
sie (Mz) mereka
Sie (Anrede) anda, saudara, saudari
siegen menang
Silber perak
singen nyanyi (me-)
Sitzplatz tempat duduk
so begini, begitu
sobald serta
sodann lalu
sodass supaya
sofort sekarang, segera
Sohn anak laki-laki;
S. der Erde bumiputera
Sojasoße kecap
Soldat askar
sollen harus, patut
Sonder(fahrt) (sewa) khas
Sonne matahari
Sonnenaufgang matahari naik / terbit
Sonnenuntergang matahari mati
sorgfältig cermat
Sorgfalt ketelitian
Sorte macam, jenis
Soße kuah
sowie serta
spät lambat, larut;
s. nachts larut malam
später kemudian, nanti
spätestens lewatnya
spazierengehen jalan (ber-)
Spazierstock tongkat
Speer lembing
Speise makanan
Speisekarte daftar makanan
Speisewagen kereta restoran
speziell istimewa
Spiegel cermin
Spiel permainan
spielen main (ber-)
Spitze puncak
Sport sukan, olahraga
Sprache bahasa
sprechen cakap (ber-)
Sprecher lidah
springen lompat (me-)
Sprössling tunas
sprühen sembur (menyemburkan)
Staat negara
Staatsbürger warganegara
Stadt bandar, kota
Stadtverwaltung majlis perbandaran
Stadtzentrum pusat bandar
Stamm batang;
(Volks-) puak
Stand (Verkaufs-) gerai
stark kuat;
(Wind, Wellen) kencang
Start mula
starten tolak (ber-)
Station balai, setesen
stattfinden langsung (ber-)
Statue patung

stehen diri (ber-)
stehlen curi (men-)
steif keras
Stein batu
Stempel cap
sterben tinggal (meninggal), mati
Stern bintang
Steuer cukai
Stiftung yayasan
stinkend busuk
Stipendium biasiswa
Stock batang; **(Prügel-)** rotan
Stockwerk tingkat
Stoff kain
stolz bangga
Stopp! berhenti!
stoßen tolak (menolak)
Strand pantai
Straße jalan
Streichhölzer ma(n)cis; korek api
Strick tali
Strom (elektr.) arus; **(Fluss)** batang air
Stromschnelle jeram
Stück biji
Student pelajar, penuntut
Stufe langkah
Stuhl kerusi
Stuhlgang haben buang air besar
Stunde jam
suchen cari (men-)
Süden selatan
Südosten tenggara
Südwesten baratdaya
Summe jumlah
Sumpf paya
Suppe sup
süß manis
Süßigkeiten gula-gula
Süßkartoffel ubi keledek
Süßspeise kuih

Tag hari
täglich tiap-tiap hari
Taifun taufan
Tal lembah
Tankstelle stesen minyak
Tanz tari(an)
tanzen tari (menari)
Tapioka ubi kayu
Tasche (Hand-) beg; **(Hosen- usw.)** saku
Taschendieb pencuri
Taschentuch sapu tangan
Tasse cawan
Taube merpati
tauchen selam (menyelam)
tauschen (Geld) tukar (menukar)
Taxi teksi
Tee teh
Teil bahagian
Teilnehmer peserta
Telefon telefon
telefonieren telefon (menelefon)
Telefonnummer nombor telefon
Teller piring, pinggan
Tempel (buddhist.) tokong; **(Hindu)** kuil
Temperatur suhu
teuer mahal
Theater panggung
Tier binatang
Tierwelt haiwan
Tiger harimau
Tintenfisch sotong
Tisch meja
Tischdecke alas meja
Toastbrot roti panggang
Tochter anak perempuan
Toilette tandas
Toilettenpapier tisu tandas
Ton nada
Tor (Sport) gol
tot mati
töten bunuh (mem-)
Tourist pelancong
Tradition adat
tragen (Kleid) pakai (memakai)
Trainer jurulatih
trainieren latih (ber-)
Training latihan
Träne air mata
Trauben anggur
Traum mimpi
träumen mimpi (ber-)
traurig sedih
treffen (einander) jumpa (ber-)
trennen, sich pisah (ber-)
Treppe tangga
trinken minum
Trishaw beca roda
trocken kering
Trockenzeit musim kemarau
Trophäe piala
trüb lumpur
tu nicht! jangan!, tak usah!

Tür pintu
Turm menara
typisch asli
Tür pintu

U

Übergang lintasan
überholen potong (memotong)
übermorgen lusa
übernachten malam (ber-)
überqueren lintas (me-)
überschwemmen banjir (mem-)
Überschwemmung banjir
übersetzen terjemah (menerjemahkan)
überzeugen yakin (men-...-kan)
üblich: wie ü. seperti biasa
Uhr jam; **(Zeitangabe)** pukul
um (zeitl.) pada
Umgebung sekitaran
umher keliling
Umweltverschmutzung pencemaran
unabhängig merdeka
Unabhängigkeit kemerdekaan
unaufhörlich tidak berhenti-henti
unbesetzt lapang
und dan
Unfall kemalangan
ungefähr agaknya, kira-kira
ungerecht salah
ungezogen jahat, nakal
unglücklich sedih
Universität universiti
unreif muda
unterhalten, sich cakap (memper-...-kan)
Unterhaltung percakapan
Unterschrift tandatangan
Unterstützung bantuan
untersuchen periksa (memeriksa)
Untersuchung pemeriksaan
unterwegs dalam perjalanan
Ureinwohner orang asli, sakai
Urgroßmutter / -vater nenek
Urin air kencing
urinieren buang air kecil
Urlaub cuti
Ursprung asal
ursprünglich asli
Urwald rimba

V

Vater bapa
vegetarisch sayur-sayuran
Ventilator kipas
verantwortlich sein tanggungjawab (ber-)
Verantwortung tanggungjawab
verbinden hubung (meng-...-kan)
verboten (Islam) haram
verbrennen bakar (mem-)
verdorben busuk
Vereinbarung janji
Vereinigung persatuan
vergangen lalu
vergeblich cuma
vergessen lupa (me-...-kan)
Vergnügen nikmat
verkaufen jual (men-)
Verkäufer penjual
verlängern panjang (memanjangkan)
verlassen tinggal (meninggalkan)
verletzt tercedera
verlieren hilang
Verlobte(r) tunangan
Verlust kehilangan; **(Schaden)** rugi
vermeiden jauh (men-...-kan)
Verpflichtung tugas
verringern kurang (mengurangkan)
verrückt gila
Versammlung majlis
Verschmutzung pengotoran
verschönern cantik (memper-)
verschwinden hilang (meng-)
Versicherung insurans
verspätet lewat
versprechen janji (ber-)
verstecken, sich sembunyi (ber-)
verstehen erti (meng-), faham

versuchen coba, cuba (men-)
Vertrag janji
vertreten wakil (me-...-i)
Verzeichnis daftar
Verzeihung maaf
verzögern lambat (me-...-kan)
viel(e, s) banyak
vielleicht agaknya, barangkali
Vogel burung
Volk bangsa
voll penuh;
(gedrängt) ramai
von dari;
(Person) daripada
vor (örtl.) di hadapan;
(zeitl.) dulu, dahulu, sebelum;
voraus: im v. dahulu, dulu
vorbei (zeitl.) lalu
vorbeigehen lewat
vorgestern ke(l)marin dahulu
vorher dahulunya
Vorräte bekalan
Vorschlag syor
Vorschrift urusan
Vorsicht kewaspadaan, awas!
vorsichtig hati-hati
Vorsteher kepala
Vulkan gunung api

W

wachsen tumbuh
Waffe senjata
Wahl pilihanraya
wahr sungguh, benar, betul
wählen pilih (memilih)
während sambil, sementara
Waise yatim
Wald hutan
wann? apabila?, bila?
Ware barang
warm panas
warnen ingat (memper-...-kan)
Warnung peringatan
warten tunggu (menunggu)
warum? kenapa?, mengapa?
was? apa?
waschen, sich basuh (mem-);
(Wäsche) cuci (men-)
Wasser air
Wasserbüffel kerbau
Wasserfall air terjun
Wassermelone semangka
Wechselgeld wang kembali
wechseln (Geld) tukar (menukar)
wecken bangun (mem-....-kan)
Weg jalan
weglaufen lari (ber-)
weglegen bubuh (mem-)
weiblich (Mensch) perempuan;
(Tier) betina
weich lembek, lembut
weil sebab, kerana
weinen tangis (menangis)
Weise: auf diese W. begini, begitu
weiß putih
weit (fern) jauh;
(breit) luas
welcher (Relativpron.) yang;
w. ? yang mana?, siapa?
Welle ombak
Welt alam
weniger kurang
wenn bila, jika(lau), kalau
wer? siapa?
werden jadi (men-);
(Zukunft) nak, hendak, akan
Werft galangan
Werkstatt bengkel
Wert nilai
wessen? siapa punya?
Westen barat
West-Malaysia Semenanjung Malaysia
Wetter cuaca, udara
wichtig penting, mustahak
wie sebagai, seperti;
w. ? bagaimana?, macam (mana)?;
w. kann das sein? masakan?;
w. lange? berapa lama?;
w. teuer? berapa harga?;
w. viel(e)? berapa?
wieder kembali, lagi, pula
wiedererkennen cam (menge-)

wiederholen ulang (meng-...-i)
Wildschwein babi hutan
Wille mau
willkommen (Gruß) selamat datang
Wind angin
wir (exkl.) kami; **(inkl.)** kita
wirklich benar, sungguh
wissen tahu, tau (menge-...-i)
Wissen ilmu, pengetahuan
Wissenschaft ilmu
Witwe janda
wo? di mana?
Woche minggu
woher? dari mana?
wohin? ke mana?
Wohlfahrt kebajikan
wohlhabend hartawan
wohlschmeckend sedap
wohnen tinggal
Wohnort tempat tinggal
Wolke awan
wollen mau
Wort kata, perkataan
Wörterbuch kamus
Wunde luka
wundertätiger Ort keramat
Wundöffnung mata luka
Wunsch kemauan
wünschen mau, nak, hendak, ingin
Wurzel akar

Z

zahlen bayar (mem-)
zählen kira (mengira)
Zahn gigi
zart lembut
Zauberer bomoh
Zaun pagar
zeichnen lukis (me-), tulis (menulis)
Zeichnung lukisan
Zeiger jarum
Zeit masa, waktu; **Z. haben** sempat
Zeitalter zaman
Zeitpunkt ketika
Zeitschrift majalah
Zeitung suratkhabar, warta
zeitweise sementara
Zentrum pusat
zerbrochen hancur
Zeremonie upacara
Zeuge saksi
Ziege kambing
ziehen tarik (menarik)
Ziel inceran, tiba
ziemlich agak
Zigarette rokok
Zimmer bilik
Zinn timah (putih)
Zitrusfrucht jeruk
Zoll cukai
Zollerklärung ikrar kastam
Zoo taman binatang, zoo
zu (Richtung) ke, **(Person)** kepada; **z. (sehr), z. viel** terlalu, terlampau
Zucker gula
Zuckerrohr tebu
zuerst mula-mula
zufrieden puas, senang
Zug keretapi, tren
Zunge lidah
zurückgeben balik (mem-...-kan)
zurückgehen, -kommen kembali
zurückkehren balik (ber-), pulang
zusammen bersama-sama, serta
zusammenstoßen langgar (ber-)
Zuschauer penonton
zuverlässig handal
zuversichtlich yakin
Zweigstelle cawangan
Zwiebel bawang
zwischen antara

A

abang älterer Bruder
acara Ereignis, Programm
ada es gibt
adat Sitte, Tradition
adik jüngerer Bruder, jüngere Schwester
agak ziemlich
agaknya ungefähr, vielleicht
agama Religion
air Wasser;
a. batu / beku Eis
a. buah Saft
a. kencing Urin
a. terjun Wasserfall
ajar (bel-) lernen;
(meng-) lehren
akan werden (Zukunft)
akhir Ende;
(ber-) enden;
(meng-...-i) beenden
alam Natur, Welt
alamak! oh Gott!
alamat Adresse
alat Gerät, Ausrüstung
a. ganti Ersatzteil
almari Schrank
aman friedlich, sicher
amaran Vorsicht
amat sehr
ambil (meng-) nehmen
anak Kind;
a. kunci Schlüssel
angan-angan Gedanke, Idee
angin Wind
angkat (ber-) abfahren
anjing Hund
antara zwischen
antarabangsa international
apa? was?;
a.-apa irgendetwas
apabila? wann?
api Feuer
asam sauer
asin salzig
asing fremd
asli ursprünglich
atau oder
Austria Österreich
awal früh, Anfang
awam öffentlich
awan Wolke
awas Achtung, Vorsicht
ayam Huhn
ayat Satz

B

babi Schwein
baca (mem-) lesen
badan Körper, Rumpf
bagaimana? wie?
bagan gestelle
bagus gut, fein
bahagian Teil, Abteilung
ba(ha)ru neu, kürzlich
bahasa Sprache
bahaya Gefahr
bahu Schulter
baik fein, gut
(mem-...-i) reparieren
baju Hemd
bakar (mem-) verbrennen
bakau Mangrove
bakul Korb
balai Halle, Station
balik (ber-) zurückkehren;
(mem-...-kan) zurückgeben
bandar Stadt
bandaraya Großstadt
bangga stolz
bangsa Volk
bangun aufstehen;
(mem-...-kan) wecken
bangunan Gebäude
banjaran Gebirgskette
banjir Überschwemmung
bantu (mem-) helfen
banyak viel(e, s)
bapa Vater
barang Ware;
b.-barang Gepäck
barankali vielleicht
barat Westen
baratdaya Nordosten
baratlaut Nordwesten
basah nass
basikal Fahrrad
basuh (mem-) sich waschen
batang Stamm, Stock
batu Stein,Meile(nstein)
batuk Husten
bawa (mem-) bringen
bawang Zwiebel;
b. putih Knoblauch
bayar (mem-) zahlen
bayaran Gebühr
bayi Baby
bebas frei
beberapa mehrere
beca Rikscha;
b. roda Trishaw
beg Beutel, Tasche

begini, begitu so, auf diese Weise
belaka alle zusammen
Belanda Holländisch
beli (mem-) kaufen
belia Jugend
belok (mem-) abbiegen
belum noch nicht
benang Faden
benar wirklich, wahr
benci (mem-) hassen
benda Gegenstand
bengkel Werkstatt
berani mutig
berapa? wie viel(e)?
berat schwer (Gewicht)
berbahaya gefährlich
berguna nützlich
beri (mem-) geben
berita Nachrichten
beritahu (mem-) (Bescheid) sagen
berlepas Abfahrt
(ber)salah schuldig
bersama-sama gemeinsam
bersih sauber
(mem-...-kan) reinigen
bertolak Abfahrt
bertolong-tolongan gegenseitige Hilfe
berus Bürste
besar groß
besi Eisen
(b)esok morgen
betina weiblich (Tier)
betul richtig, wahr
biar (mem-...-kan) lassen
biasa gewöhnlich, normal
bibir Lippe
biduan(ita) Sänger(in)
biji Kern, Samen
bila? wann?
bilik Zimmer
binatang Tier
bintang Stern
bini Ehefrau
biru blau
bodoh dumm
bolasepak Fußball
boleh können
bomoh Heiler, Zauberer
bosan langweilig
botol Flasche
buah Frucht
buang air besar Stuhlgang haben
buat (mem-) herstellen
buaya Krokodil
bubuh (mem-) weglegen
bubur Reissuppe
buka (mem-) öffnen, ausziehen
bukan kein, nein, nicht
bukit Hügel
buku Buch
bulan Mond, Monat
bulat rund
buluh Bambus
bumi Erde
bunga Blume, Blüte;
b. anggerik Orchidee;
b. raya Hibiskus
bungkus(an) Paket
bunting schwanger
bunuh (mem-) töten
bunyi Geräusch, Klang
buru (ber-) jagen
buruk schäbig
burung Vogel
busuk stinkend, verdorben
buta blind
butang Knopf

C

cabai (lombok) Chili
cabang Ast
cahaya Licht
cakap (ber-) sprechen
(memper-...-kan) sich unterhalten
cam (menge-) erkennen
camca Löffel
campur (men-) mischen
cantik hübsch (Frau)
cap Stempel;
(menge-) drucken
cari (men-) suchen
cat Farbe;
(menge-) anstreichen
cawan Becher, Tasse
cawangan Zweigstelle
cemburu eifersüchtig
cendawan Pilz
cepat schnell
cerai (ber-) scheiden
cerita Erzählung
cincin Ring
cinta Liebe
cium Kuss;
(ber-) küssen
contoh Beispiel, Muster
cuaca Wetter
cuba (men-) versuchen
cuci (men-) waschen; entwickeln (Film)
cukai Steuer, Zoll
cukup genug
cukur (men-) rasieren, Haare schneiden
cuma nur, vergeblich
curi (men-) stehlen

cuti Ferien, Urlaub

D

dada Brust
dadah Drogen
daerah Bezirk
daftar Liste, Verzeichnis
dagang Fremder
daging Fleisch
d(ah)ulu bevor, aus
dahulunya vorher
daif schwach
daki (men-) (be)steigen (Berg)
dalang Schattenspieler
dan und
danau See
dapat (men-) erhalten
dapur Küche
dari seit, von
daripada als, von (Pers.)
datang (an)kommen
dataran Ebene
demam Fieber
dengan mit
dewasa erwachsen
dipertua Präsident
diri (ber-) stehen
duduk (men-...-i) besetzen

E / F

(e)mak Mutter
(e)mas Gold
empang Damm
erti Bedeutung; **(meng-)** verstehen
esok morgen
fikir (ber-) denken
filem Film

G

gambar Bild, Fotografie
garam Salz
gelas (Trink-)Glas
gembira froh, fröhlich
gemuk dick (Mensch)
gerai Verkaufsstand
gerak (ber-) bewegen
gereja Kirche
gergaji (meng-) sägen
getah Gummi
gigi Zahn
gigit (meng-) beißen
gila verrückt
giliran (an der) Reihe
goreng (meng-) braten
gua Höhle
gula Zucker; **g.-gula** Süßigkeiten
guna benutzen
gunting Schere; **(meng-)** schneiden
gunung Berg; **g. api** Vulkan
guru Lehrer
guruh Donner
gurun Ödland

H

habis zu Ende, fertig
had Grenze
hadiah Geschenk
hadir anwesend
haiwan Tierwelt
hakim Richter
hal ihwal Angelegenheit(en)
halal erlaubt (Islam)
halia Ingwer
halus dünn, fein
hampir fast
hancur zerbrochen
handal zuverlässig
hantar (meng-...-kan) schicken
hantu Geist
hanya bloß, nur
haram verboten (Islam)
harap (ber-) hoffen
harga Preis
hari Tag
harimau Tiger
harta Eigentum
hartawan wohlhabend
harus müssen, sollen, passend, richtig
hati Gefühl, Leber, Herz; **h.-hati** vorsichtig
haus durstig
hawa Luft
hendak werden, wünschen
henti (ber-) (an)halten
hias (ber-) schmücken
hidang servieren
hidung Nase
hidup leben, Leben
hijau grün
hilang (meng-) verlieren, verschwinden
hitam schwarz
hubung (meng-...-kan) verbinden
hujan Regen
huruf Buchstabe
hutan Wald
hutang Schulden

Wörterliste Malaiisch – Deutsch

I

ialah das heißt / ist
ibu Mutter
i. kunci Türschloss
ibubapa Eltern
ibukota Hauptstadt
ikan Fisch
ikat (meng-) binden
ikrar kastam Zollerklärung
ikut (meng-) folgen
ilmu Wissen(schaft)
indah schön, prächtig
ingat sich erinnern;
(memper-...-kan) warnen
Inggeris Englisch
ingin sich sehnen, wünschen
i. tahu neugierig
intan Diamant
isi Inhalt
istana Palast
isteri Ehefrau
istimewa besonders
itik Ente

J

jabatan Amt, Behörde
jadi (men-) geschehen, werden
jadual waktu Fahrplan
jaga (men-) bewachen
jahat böse, ungezogen
jahit (men-) nähen
jala Netz
jalan Straße, Weg;
(ber-) spazierengehen
jam Stunde, Uhr
jambatan Brücke
jambu batu Guave
jamu (men-) einladen
janda Witwe
jangan! nicht!
janggut Bart
janji Vertrag;
(ber-) versprechen
jantan männlich (Tier)
jantung Herz
jari Finger
jarum Nadel, Zeiger
jasa Pflicht
jatuh fallen
jauh weit;
(men-...-i) fernhalten
jawab (men-) antworten
jawaban Antwort
jaya (ber-) Erfolg haben
jelajah (men-) herumreisen
jelek schlecht, hässlich
jemput (men-) einladen
jendela Fenster
jenis Art, Sorte
jeram Stromschnellen
jerit (men-) schreien
Jerman Deutsch(land)
jeruk Zitrusfrucht; eingelegt
jika(lau) falls, wenn
jiran Nachbar
jiwa Leben, Seele
jual (men-) verkaufen
juga auch
jumlah Menge, Summe
jumpa (ber-) sich treffen
jurang Schlucht
jurubahasa Dolmetscher
jurumasak Koch
jururawat Krankenschwester
jurutera Ingenieur
juruterbang Pilot

K

kabut Nebel
kaca Glas;
k. mata Brille
kacang Bohne;
k. tanah Erdnuss
kadang-kadang gelegentlich
kahwin (ber-) heiraten
kain Stoff
kakak ältere Schwester
kaki Bein, Fuß
kalau falls, wenn
kali Mal
kambing Ziege
kampung Dorf
kamus Wörterbuch
kanak-kanak Kinder
kanan rechts
kapal Schiff
kapalterbang Flugzeug
kapas Baumwolle
karang Koralle(nriff)
kasih Liebe
kasut Schuh
kata Wort
(ber-) sagen
kaum Gemeinschaft
kawan Freund;
(ber-) sich anfreunden
kawasan Gegend
kaya reich
kayu Holz
ke nach, zu (Richtung)
kebangsaan national
kebudayaan Kultur
kebun Garten
kecap Sojasoße

kecewa enttäuscht
kecil klein
kecuali außer
kedai Geschäft, Laden
kedatangan Ankunft
kedutaan Botschaft
kelahiran Geburt
kelambu Moskitonetz
kelapa Kokosnuss
kelas Klasse
keliling umher;
(ber-) herumgehen
k(e)linik Arztpraxis
ke(l)marin gestern;
k. d(ah)ulu vorgestern
keluar hinausgehen, Ausgang
keluarga Familie
kemalangan Unfall
kemarau Trockenzeit
kemas (mengemaskan) aufräumen
kembali wieder, zurückgehen, -kommen
kemeja Hemd
kementerian Ministerium
kemudian dann, später
kemuncak Gipfel
kena erleiden, müssen
kenal (mengenal) (er)kennen
kenapa? warum?
kencang stark (Wind)
kenderaan Fahrzeug
kepada zu (Person)
kepala Kopf, Vorsteher
keping Scheibe
kepulauan Archipel
kerajaan Regierung
keramat wundertätiger Ort
kerana weil
kerani Angestellte(r)
keras hart, steif
kerbau Wasserbüffel
kereta Auto, Wagen
keretapi Eisenbahn, Zug
kering trocken
keris Kris (malai. Dolch)
kerja Arbeit;
(be-) arbeiten
kertas Papier
kerusi Stuhl
kesihatan Gesundheit
ketam Krebs
ketawa lachen
ketibaan Ankunft
ketika Augenblick
ketua Chef
khabar Nachricht
khas besonders
kilang Fabrik, Werk
kilat Blitz
kipas Ventilator
kira (mengira) zählen, meinen
kiri links
kirim (mengirim) schicken
kiriman Fracht
k. wang Überweisung
kolam Becken;
k. renang Schwimmbad
kopi Kaffee
korek api Streichholz
kosong leer, Null
kota Stadt, Festung
kotak Schachtel
kotor schmutzig
kuala Flussmündung
kuat stark
kucing Katze
kuda Pferd
kuil Tempel (Hindu)
kulit Haut, Leder
kumpulan Gruppe
kunci Schlüssel
kuning gelb
kupu-kupu Schmetterling
kurang weniger;
(mengurangkan) verringern
kurun Jahrhundert
kurus dünn (Mensch)

L

lada Pfeffer
ladang Feld, Plantage
lagi mehr, noch mehr, wieder, außerdem
lahir geboren werden
lain andere(r, s)
laju schnell
laki Gatte;
l. bini Ehepaar;
l.-laki Mann, männlich
lalu nachher, vorbei
lama alt (Dinge), früher, lange
lambat spät, langsam
(me-...-kan) verzögern
lampau zuviel
langgar (ber-) zusammenstoßen
langit Himmel
langkah Schritt, Stufe
langsung direkt;
(ber-) stattfinden
lantai Fußboden
lapang leer, offen
lapangan freies Feld
l. terbang Flughafen
lapar hungrig

lari (ber-) laufen, rennen
larut spät
latih (me-) ausbilden, trainieren
laut Meer
lautan Ozean
lawat (me-) besuchen
layang (me-) emporfliegen
l.-layang Drachen, Schwalbe
layar Segel;
(ber-) segeln
lebat schwer (Regen)
lebih mehr
lebuhraya Autobahn
leher Hals
lelah müde
lemah schwach
lembah Tal
lembek weich
lembing Speer
lembu Rind
lembut weich, zart
lengan Arm
lepas frei
(ber-) entkommen
lereng Hang
lesen memandu Führerschein
letak Lage, Platz;
(ter-) sich befinden;
l. kereta Parkplatz
lewat verspätet, vorbeigehen
lewatnya spätestens
lidah Zunge, Dolmetscher, Sprecher
lihat (me-) sehen
limpa Leber
lintas (me-) überqueren
lintasan Übergang
loceng Glocke
luas breit, weit
lubang Loch, Lücke
lucu lustig
luka Wunde
lukis (me-) malen, zeichnen
lumpur Schlamm, trüb
lupa (me-...-kan) vergessen
lurus aufrichtig
lusa übermorgen

M

maaf(kan) Verzeihung!
mabuk betrunken;
m. ombak seekrank
macam Sorte, Art
madrasah Schule (islam.)
madu Honig
mahal teuer
mahkamah Gericht
main (ber-) spielen
majalah Zeitschrift
majlis Versammlung, Party
maju erfolgreich
mak Mutter
makam Grabmal
makan essen
m. siang Mittagessen
makanan Speise
maklumat Bekanntmachung
malam Abend, Nacht;
(ber-) übernachten
malang Pech haben
malas faul
malu schüchtern; sich schämen
mana? wo?;
m.-mana irgendwo
ma(n)cis Streichhölzer
mandi baden, Bad
manis süß
manusia Mensch(heit)
marah sich ärgern
mari: ke m. komm her!
masa Zeit
masak reif
(me-) kochen (Essen)
masakan? wie kann das sein?
masalah Problem, Rätsel
masih noch
masjid Moschee
masuk betreten, Einfahrt, Eingang
masyarakat Gesellschaft
mata Auge
m. air Quelle
m.-mata Polizist
m. pisau Klinge
matahari Sonne
mati tot, sterben
mau wollen, wünschen
meja Tisch
memang natürlich
menara Turm
mengapa? warum?
mentega Butter
merah rot
merdeka unabhängig
merpati Taube
mesin Maschine
meski(pun) obwohl
mesti müssen
mimpi (ber-) träumen
minat (ber-) interessieren

minggu Woche
minit Minute
minta (me-) bitten um
minum trinken
minuman Getränk
minyak Öl, Fett
misai Schnurrbart
miskin arm
motosikal Motorrad
muda jung, unreif
mudah einfach (zu tun)
mujur Glück haben
muka Gesicht
mukim Gemeinde (islam.)
mula Anfang;
(ber-) anfangen;
m.-mula zuerst
mulut Mund
mungkin möglich
murah billig
murid Schüler(in)
musim Jahreszeit
mustahak notwendig, wichtig
mutiara Perle

N

naam gewiss, ja
nah! da, nimm es!
naik (ein- usw.) steigen;
(me-...-kan) aufstellen
nak werden, wünschen
nakal frech
nama Name
nampak aussehen, sichtbar
nanti gleich, später;
(me-) warten
nasi Reis (gekocht)
negara Staat
negeri Land
nelayan Fischer
nenek Großvater; Großmutter
nikmat Freude;
(me-...-i) sich freuen
nilai Wert
nirai Linie, Reihe
nombor Nummer
nyamuk Moskito;
n. tiruk Anopheles
nyanyi (me-) singen
nyanyian Lied

O

olahraga Sport
oleh durch (mittels);
o. itu deshalb
ombak Welle
orang Mensch, Person
otak Gehirn

P

pada um (zeitl.)
padang Feld
padi Reis (auf Feld)
pagi Morgen, morgens;
p.-pagi früh morgens
pahit bitter
pakai (memakai) tragen (Kleid)
pakaian Kleidung
paling äußerst
panas heiß, warm
pandai geschickt (klug)
pandu Führer (Person);
(memandu) fahren
panduan Führer (Buch)
panggil (memanggil) rufen
panggung Theater
p. gambar Kino
panjang lang;
(memanjangkan) verlängern
panjat (memanjat) klettern (Baum, Leiter)
pantai Küste, Strand
pantas aktiv
papan Brett
parang Machete
pasar Markt;
p. borong Großmarkt
pasir Sand(strand)
paspo(r)t Reisepass
patah gebrochen
patung Statue
patut angemessen, fair
pawang Magier
paya Sumpf
payung Schirm
pedas scharf (Gewürz)
pegawai Beamter
pejabat Amt, Büro
pekan Kleinstadt
pekedai Ladenbesitzer
pekerjaan Beruf
pelabuhan Hafen
peladang Bauer
pelajar Student
pelajaran Lektion
pelancong Tourist
pelari Läufer
pelayan Bedienung
pembaca Leser
pemimpin Führer (Person)
pencuri Dieb
perdagangan Handel
pendaki gunung Bergsteiger
pendapat Meinung

pendapatan Einkommen
pendek kurz (räuml.)
penduduk Einwohner
penerima Empfänger
pengalaman Erlebnis, Erfahrung
pengembara Reisender
pengetahuan Kenntnis, Wissen
penghulu Dorfchef
pengkalan Anlegestelle
pengurus Leiter (Pers.)
penjara Gefängnis
penjual Verkäufer
penting wichtig
penuh voll
penukar wang Geldwechsler
penumpang Fahrgast
penuntut Student
penyakit Krankheit
penyelidikan Forschung
penyu Schildkröte (Meer)
perahu Boot;
p. tampang Fähre
perak Silber
Perancis französisch
perang braun, Krieg
perasaan Gefühl
perayaan Feier
percakapan Gespräch
percaya glauben
percuma gratis
perdagangan Handel
Perdana Menteri Premierminister
perempuan Frau
pergi fahren, gehen
perhentian Haltestelle
periksa (memeriksa) prüfen
peristiwa Ereignis
perjalanan Reise
perkahwinan Hochzeit
perkataan Wort
perkhidmatan Service
perlahan-lahan langsam
perlu notwendig, brauchen
permainan Spiel
permulaan Anfang
perompak Räuber;
p. laut Pirat
perpustakaan Bibliothek
pertama erste(r, s)
pertanian Landwirtschaft
pertanyaan Frage
pesan Bestellung
peta Landkarte
petang Nachmittag
petani Bauer
peti Kasten
pilih (memilih) wählen
pilihanraya Wahl
pimpin (memimpin) führen
pinggir Rand
pinjam (meminjam) borgen
pintar klug
pintu Tür
piring Teller
pisah (ber-) sich trennen
pisang Banane
pisau Messer
pohon, pokok Baum
pondok Hütte
potong (memotong) schneiden, überholen
potongan Rabatt
puak Clan, Stamm
Puan Frau (Anrede)
puas befriedigt, zufrieden
puasa (ber-) fasten
pukul Uhrzeit
(memukul) schlagen
pula auch, wieder, denn
pulau Insel
pun auch
puncak Gipfel, Spitze
pundi-pundi Geldbeutel
pungut (memungut) (auf)sammeln
punya (mem-...-i) besitzen, haben
purbakala alte Zeiten
pusat Zentrum
putera Prinz
putih weiß
putus gebrochen

R

racun Gift
raja König, Herrscher
rakit Floß
rakyat Bevölkerung
ramai voll, Menschenmenge
rambut Haar
rancangan Projekt
rantau Küstenland
rapat eng, nah;
(me-...-i) nahekommen
rasa Gefühl, Geschmack;
(me-) schmecken
rasmi offiziell
rawatan (erste) Hilfe
rebus (me-) kochen
rehat Pause, Rast;
(be-) ausruhen

rempah Gewürz
renang (be-) schwimmen
rendah niedrig
rimba Urwald
ringan leicht (Gewicht)
ringgit Dollar, Ringgit
riwayat Bericht
roda Rad
rokok Zigarette;
(me-) rauchen
rotan Rattan, Stock
roti Brot;
r. panggang Toastbrot
rugi Schaden haben
rumah Haus;
r. panjang Langhaus;
r. sakit Krankenhaus;
r. tumpangan Hotel
rumput Gras
rupanya anscheinend
rusa Hirsch
rusak beschädigt

S

saat Sekunde
sabun Seife
sah gültig, legal;
(menge-) bestätigen
sahabat Freund
sais Chauffeur
sakai Ureinwohner
sakit krank, schmerzend
saksi Zeuge
saku (Hosen-)Tasche
salah falsch, schuldig;
(ber-) Fehler machen
sama gleich wie, selbe(r, s)
sambil während
sampah Abfall
sampai erreichen; bis
sampan Boot, Kanu
sana: di s. dort
sangat sehr
sapu tangan Taschentuch
saudara Bruder, du
saudari Schwester, du
sawah Reisfeld
sayang mögen, leider
sayur-sayuran Gemüse
sebab Grund, weil
sebagai wie
sebaya gleichaltrig
sebelum vor (zeitl.)
sebentar bald, gleich
seberang: di s. gegenüber
sedap wohlschmeckend
sedar bewusst
sedia (ber-) sich bereitmachen
sedih traurig
sedikit etwas, einige
segala alle(s), ganz
segar gesund, frisch;
(menyegarkan) sich erfrischen
segara Ozean
segera schnell, bald
sehat (sihat) gesund
(se)hingga bis (zeitl.)
sejarah Geschichte
sejuk kalt, kühl
sekali einmal
sekarang jetzt, sofort
sekitaran Umgebung
sekolah Schule;
(ber-) Schule besuchen
selalu immer
selam (menyelam) tauchen
selamat Sicherheit
selat Meerenge
selatan Süden
selepas nach (zeitl.)
selesema Erkältung
selimut Bettdecke
seluar Hose
sembunyi (ber-) sich verstecken
semenanjung Halbinsel
se(men)jak seit(dem)
sementara während, zeitweise
sempat Zeit haben
semua alle(s)
sen Cent
senang bequem;
s. hati gern
senarai Liste
sendiri allein, selbst
seni Kunst
senjata Waffe
sentiasa immer
senyum lächeln
seorang jemand
separuh halb und halb
seperti wie
serangga Insekt
serta mit, sobald, zusammen
sesuatu jede(r, s)
setelah nachdem
s(e)tem Briefmarke
setengah halb, einige
s(e)tes(y)en Station
setiausaha Sekretär(in)
setuju einverstanden
sewa (menyewa) leihen, mieten;
s. khas Sonderfahrt
siapa? wer?, welcher?;
s. punya? wessen?;
s.-siapa irgendjemand

sibuk beschäftigt
silap Irrtum
simpan (menyimpan) aufbewahren
simpang Kreuzung
singa Löwe
singgah besuchen
sini: di s. hier
siput Meeresschnecke
sisir Kamm
songkok Samtkappe
sotong Tintenfisch
suami Ehemann
sudah erledigt, schon
sudahlah! genug!
sudi zufrieden, bereit
suhu Temperatur
suka mögen
sukan Sport
sukar schwierig
sulung älteste(r)
sumpitan Blasrohr
sungai Fluss
sungguh wahr, wirklich
sungut (ber-) sich beschweren
suntik impfen
supaya sodass
surat Brief
suratkhabar Zeitung
susah schwierig
susu Milch
sutera Seide
Swis Schweizer(isch)
syariat Gesetz (Islam)
syor Empfehlung, Rat

T

tadi gerade eben
tadika Kindergarten
tahan (menahan) ertragen
ta(h)u wissen
tahun Jahr
tajam scharf (Messer)
takut sich fürchten
tali Schnur, Seil
taman Garten, Park
tambang Fahrpreis
tamu Gast, Markt
tanah Boden, Erde
tanak (menanak) Reis kochen
tanam (menanam) pflanzen
tandas Toilette
tandatangan Unterschrift
tangan Hand
tangga Treppe, Leiter
tangis (menangis) weinen
tangkap (menangkap) fangen, festnehmen
tanjung Kap
tanpa ohne
tanya (ber-) fragen
taraf Rang
tari (menari) tanzen
tarik (menarik) ziehen
tarikh Datum
tasik See
taufan Taifun
tawar geschmacklos
tawar (menawar) feilschen
tayar Reifen
tebal dick (Dinge)
tebing Sandbank
tebu Zuckerrohr
teh Tee
telaga Brunnen
telah schon
telinga Ohr
teluk Bucht
telur Ei
tembak (menembak) schießen
tempahan Reservierung
tempat Ort, Platz;
t. duduk Sitzplatz;
t. tidur Bett;
t. teduh Schatten;
t. tinggal Wohnung
tenang ruhig (See)
tengah Mitte
t.-malam Mitternacht
tengahari Mittag
tenggara Südosten
tengok (menengok) anschauen
tentang Richtung
tentera Armee
tentu(lah) gewiss
tepat genau
tepung Mehl
terakhir letzte(r, s)
terang hell, Licht
terbang fliegen
tercedera verletzt
terima (menerima) empfangen;
t. kasih danke
terjemah (menerjemahkan) übersetzen
terkebelakang hinterste(r, s)
terkejut erschrocken
terkenal berühmt
terlalu äußerst, zu sehr
terlampau zu(viel)
terpelajar gebildet

terus gerade(aus)
tetangga Nachbar
tetapi aber
tiada ist nicht
tiap-tiap jede(r, s)
tiba Ziel, ankommen
t(id)ak nein, nicht;
t. berapa nicht so;
t. pernah niemals;
t. usah! tu nicht!
tidur Schlaf, schlafen
tikar Matte
tikus Maus, Ratte
tilam Matratze
timah Zinn
timur Osten
timurlaut Nordosten
tinggal bleiben, wohnen;
(meninggal) sterben;
(meninggalkan) verlassen
tinggi hoch
tingkap Fenster
tingkat Stockwerk
titip deponieren
toko Laden
tokong Tempel (buddhist.)
tolak (ber-) abfahren;
(menolak) drücken
tolong (menolong) helfen
topeng Maske
topi Hut
tua alt (Person)
tuak Palmwein
tuala Handtuch
Tuan Herr (Anrede)
tuba Tuba-Wurzel
tubuh Körper
tudung Schleier (Islam)
tugas Aufgabe
Tuhan Gott
tukang Handwerker;
t. jahit Schneider;
t. kunci Schlosser;
t. sembelih Metzger
tukar (menukar) wechseln (Geld)
tulang Knochen
tulis (menulis) schreiben, zeichnen
tulisan Schrift
tumbuh wachsen
t.-tumbuhan Pflanzen
tunas Sprössling
tunggu (menunggu) warten
turun absteigen, fallen
tutup (menutup) schließen

U

ubat Medizin
ubi Taro;
u. kayu Cassava,
u. keledek Süßkartoffel
udang Krabbe
ujian Prüfung
ukiran Schnitzerei
ukur (meng-) messen
ulang (meng-...-i) wiederholen
ular Schlange
umur Alter
undang-undang Gesetz
untuk für
untung Profit
upacara Zeremonie
urus (meng-) organisieren
urusan Vorschrift
usaha Bemühung, Fleiß
usus Darm, Eingeweide
utama hervorragend
utara Norden

W

wajar natürlich
waktu Zeit
walau(pun) obwohl
wang Geld;
w. tunai Bargeld
wanita Frau
warna Farbe
warta Zeitung
wartawan Journalist
wayang Schauspiel
w. kulit Schauspiel
wilayah Distrikt, Provinz;
W. Persekutuan Bundesterritorium (KL)
wisma großes Haus

Y / Z

ya ja
yakin zuversichtlich
(men-...-kan) überzeugen
yang welcher (Relat.)
Y. di-Pertuan Agung König (Malaysia)
yatim Waise
zaman Zeitalter

Der Autor

Martin Lutterjohann, Jahrgang 1943, von Beruf Psychologe, ist seit langem in der Suchtarbeit tätig. Er ist Autor von einem Dutzend Bücher und verbrachte die Jahre 1987 und 1988 als Leiter eines kleinen Lehrinstituts für die Ausbildung von Suchttherapeuten in Ipoh, das aus halbem Weg zwischen Penang und Kuala Lumpur liegt. Intensiver als Reisende, die nur ein paar Wochen im Land bleiben, hat er das Alltagsleben der Malaysier erfahren und erlebt und auch ihre Feste mitgefeiert.

Zwischen Langkawi im Nordwesten und Desaru im Südosten, auf Penang und entlang der Ostküste hat er Tage mit Baden und Schnorcheln verbracht. Er bestieg Dschungelberge, besuchte mit Mitgliedern der „Malayan Nature Society" Höhlen, Wasserfälle (die zum Picknicken bei allen Malaysiern beliebt sind), Vogelschutzgebiete im Mangrovenwald, kletterte mit Freunden des Malaysischen Bergsteigervereins an den Felsen der Halbinsel und natürlich am großen Kinabalu in Sabah herum und wanderte mit den Penan ein Stück Weg gemeinsam durch Sarawak.

Malaysia ist nur eines der über 100 Länder, die der Autor bereist hat, aber in nur wenige kehrte er so oft und gern zurück.